健美运动

JIANMEI YUNDONG

杨世勇　熊维志　主编

四川科学技术出版社
·成都·

图书在版编目(CIP)数据

健美运动 / 杨世勇, 熊维志主编. —成都：四川
科学技术出版社, 2018.3（2025.2重印）
　ISBN 978-7-5364-8998-1

　Ⅰ.①健… Ⅱ.①杨… ②熊… Ⅲ.①健美运动－基本
知识 Ⅳ.①G883

中国版本图书馆CIP数据核1字（2018）第052481号

健 美 运 动
JIANMEI YUNDONG

主　　编　杨世勇　熊维志

出 品 人　程佳月
责任编辑　牛小红　吴　文
封面设计　张维颖
责任出版　欧晓春
出版发行　四川科学技术出版社
　　　　　成都市锦江区三色路238号　邮政编码 610023
　　　　　官方微博 http://weibo.com/sckjcbs
　　　　　官方微信公众号 sckjcbs
　　　　　传真 028-86361756
成品尺寸　146mm×210mm
印　　张　6.5　字数150千　插页2
印　　刷　成都市新都华兴印务有限公司
版　　次　2018年3月第1版
印　　次　2025年2月第4次印刷
定　　价　28.00元

ISBN 978-7-5364-8998-1

邮　　购：成都市锦江区三色路238号新华之星A座25层　邮政编码：610023
电　　话：028-86361770

2017 年国际健美联合会奥林匹亚大赛比基尼冠军康特妮·金（美国 Courtney King）

2017 年国际健美联合会奥林匹亚大赛健体冠军杰瑞米·布恩迪（美国 Jeremy Buendia）

2017 年国际健美联合会奥林匹亚大赛古典健体冠军布雷恩·安斯利（美国 Breon Ansley）

2017 年国际健美联合会奥林匹亚大赛传统健美无差别组冠军 菲尔·西斯（美国 Phil Heath）

备注：以上四张照片来源于国际健美联合会（http://www.ifbb.com）和美国健美委员会（http://www.npcnewsonline.com）网站

中国首位健美世界冠军（2005 年世界锦标赛冠军、2006 年多哈亚运会冠军、2015 年阿诺德国际赛冠军）钱吉成

中国首位世界男子健体冠军（2015 年、2016 年、2017 年），中国首位世界男子健体全场冠军（2016 年）郑少忠

世界健身模特亚军、健身小姐季军（2013 年），中国健身比基尼小姐全场冠军（2015、2017 年）孙瑞芬

2017 年成都体育学院运动会健身健美比赛参赛运动员与裁判员合影

《健美运动》编委会

主　编
杨世勇　　熊维志

副主编
杨　勇　　张志国

编　委
张敬华　甄志花　宋维艺　杨棠勋

莫　杰　汤兴旺　王　珂　徐华龙

王　伟　吴正兴　李　强

前　言
Preface

　　我们赞美，生命的健。

　　我们赞美，人体的美。

　　爱美之心，人皆有之。美的形象和色彩给人以美的快感；美的人体，则给人以美的艺术享受。美，植根于人类的生活之中；人体美，是人类所有审美对象中最完整、最深刻、最动人的一种美；健美的人体，则是人体美的最高级形式。

　　苏联诗人马雅可夫斯基指出："世界上没有任何一件衣裳能比健康的皮肤和发达的肌肉更美丽。"古希腊哲学家赫拉克利特就曾经指出："如果没有健壮的体魄，智慧就不能表现出来，文化无从施展，力量不能战斗，财富变成废物，知识也无法利用。"社会的发展，已经深刻地改变了人们的生活。人的一生要有所作为，就必须具备健康、强壮的体魄，以适应现代社会发展。

　　从古至今，有不少仁人志士对健美之道进行探索，留下了大量著述，使后人能够以资借鉴，超越前人。在撰写本教材的

过程中，我们努力吸收了国内外健美运动的最新成果，也吸收了有关健美教材的成果，以努力做到需要性、科学性、应用性、完整性和可操作性。

一、需要性

社会需要是科学发展的根本动力，教材建设也只有适应社会需要才能与时俱进，促进事业发展。20世纪80年代，各类健美教材的出版，极大地促进了健美运动的发展。但是人的认识总是阶段性的认识，实践的无限性决定了人的认识的无限性。特别是新世纪以来健美运动迅速发展，编写适应时代需要的新教材是健美教学的迫切需要。

二、科学性

既有充分的事实根据又有充分的理论依据，以科学事实和科学理论为前提。在编写本教材的过程中我们力求做到：在继承前人成果的基础上，把健美运动最先进、最新颖的研究成果吸纳进教材，体现时代特色；同时又充分考虑教材内容对培养学生和健美运动爱好者的素质和能力、适应社会需要等方面的作用。

三、应用性

理论来源于实践，理论也要促进实践发展并接受实践检验。30多年来，在健美实践领域，新的训练方法、新的训练理念不断涌现；在理论研究方面，对健美运动的认识达到了一个新的水平。因此，努力将健美实践高水平的理性认识引入到教材中是我们义不容辞的任务。在教材内容中，我们力求处理好知识的先进性与教材稳定性的关系；处理好高等院校健美普修、选修学生应掌握的基本知识、基本技术、基本技能与专修学生和健美教练员、运动员、健美爱好者应具备的多种专项健美技能的关系；处理好健美课教学与体能训练、力量训练内容的关系，使之兼容并蓄，具有较广泛的可应用性。

四、完整性和可操作性

本书内容包括健美运动概述、健美运动的基本知识、人体各部位健美练习方法、健美教学、健美训练、健美竞赛、健美技术规则与竞赛的组织等，使之成为比较系统完整的教材。教材内容中也增加了一些相关实例，注重了层次性，使之达到既能满足高等院校健美课教学的需要，同时又能供健美教练员、运动员、裁判员、管理人员以及有关项目训练运用和参考。

本教材由成都体育学院组织编写，杨世勇、熊维志主编，杨勇、张志国副主编。撰写人员有杨世勇、熊维志、杨勇、张志国、张敬华、甄志花、宋维艺、杨棠勋、莫杰、汤兴旺、王珂、徐华龙、王伟、吴正兴、李强。全书框架由杨世勇提出并做了最后的统稿工作。

在本教材撰写过程中，冯鹏、李夏琳、王秀平、孙清旺等做了有关工作，北京市健美协会秘书长郭庆红给予了大力帮助。本教材第三章技术动作示范特邀成都体育学院运动训练专业

2014 级学生张皓然、程果林、吴杨德炜，2016 级学生鞠天昊拍摄，在此谨致谢意。

在本教材编写过程中，中国首位世界健美冠军钱吉成，中国首位世界男子健体冠军郑少忠，世界健身模特亚军、健身小姐季军孙瑞芬给予了大力支持，并提供了珍贵照片，在此深致谢意。此外，我们还参考了大量相关著作和教材，在此向各位作者深致谢意。对本教材中存在的不足，诚请读者指正。

《健美运动》编委会

2018 年 1 月 31 日于成都体育学院

目　录
Contents

第一章
健美运动概述

第一节 健美运动的分类与价值

一、健美运动的概念与分类

健美运动，英文为 Body building，准确的定义是使用杠铃、哑铃、组合训练器等健身器械，根据人体解剖学、运动医学和体育美学原理进行训练，以发达人体肌肉，表现人体外形健、力、美的运动项目。

健美运动的分类很多，一般可以分为竞技健美运动、健身运动、康复健身、形体修塑、休闲健身以及克服自身体重的徒手健美、器械健美等。

健美运动又可以分为竞技健美和大众健美两类。竞技健美和大众健美又包括以下竞赛内容：健美（古典健美、现代健美）比赛，健身先生和健身小姐竞赛，男女形体健美竞赛，男女体育健身模特比赛，美臀比赛，比基尼小姐比赛等。

二、健美运动的特点与价值

（一）健美运动的特点

1. 增进健康，美化身心

一般的体育活动主要作用在于增强体质，促进健康，而健美运动则不完全相同。健美运动顾名思义，就是既要求"健康"，又要求"美丽"。它的主要作用不仅要增进健康，增强体质，而且对美的要求极高，它将体育和美育有机地结合在一起，能给人以美的享受。健美运动在练习动作方式和手段，教学训练的内容和方法，以及竞赛的内容和评分标准中，都充分地体现了这一点。所以这就要求我们要注意整体的匀称、协调、优美，加强各方面的修养，规范自己的行为道德，陶冶美好的情操，真正把体育和美育、外在美和内在美融合在一起。

2. 发达肌肉，匀称体形

健美运动训练之一是发达人体各部位肌群，练就匀称漂亮的体形，促进身体健美。在健美比赛中，也是以全身肌肉发达程度和肌肉线条的清晰度为主要评分依据的。因此，在训练中采用各种各样的动作方式、动作组合进行重复多次数的负重练习，其目的就是在于以"超负荷训练"获得"超量恢复"，通过反复练习的组数和次数刺激肌肉，促进新陈代谢，使人体体格强壮，全身各部位肌肉得到最大程度的发展，促进体形健美。

3. 随时随地，简便易行

健美运动可以依靠徒手或自抗力进行练习，也可以利用各种简单的轻重器械进行练习，还可以采用一些自制的器械乃至简单的家具进行锻炼。它不受时间、场地、器械的制约，在室内、室外只要有几平方米的地方就行，故而容易因时因地制宜地开展。

4. 动作简单，老少皆宜

健美锻炼的动作多种多样，简单易学，即使是采用杠铃和哑铃，也可以根据需要自由调节重量，训练的次数、组数和运动量也可根据锻炼者的体力进行调整。所以，它能够充分满足男女老少不同的健美健身需求。

5. 促进交往，丰富生活

经常在健身中心进行健美锻炼的人，通过锻炼，彼此互相间的帮助，交流心得，可以很自然地促进人际交往，走出自我封闭的圈子，摆脱工作、事业、学习、生活上的一些不良情绪，克服自己的一些弱点，改变不良习惯，丰富业余生活，从而提高自己的生活质量。

（二）健美运动的价值

1. 发达肌肉，增长力量

健美运动的突出作用是可以有效地发达全身肌肉，增长力量。人体的运动器官是由肌肉、骨骼、关节和韧带组成的，其运动是靠骨骼肌产生肌张力，引起肌肉的收缩和伸展，从而产生各种各样的复杂运动，而一切运动的原动力是大大小小的肌肉。由于健美比赛评分的主要标准之一是肌肉的发达程度，所以健美训练要经常采用多种器械，对全身各部位肌肉进行锻炼，特别是每次练习几乎都是极限练习，因此能够使肌肉得到强烈的刺激，从而使肌肉纤维增粗，肌肉生理横断面增大，变得丰满结实而发达。此外，中枢神经系统调节机能的改善，特别是肌肉能力的提高，在力量训练的指导下，肌细胞内的肌动蛋白

和肌球蛋白等收缩物质含量的增加、脂肪的减少，从而使肌肉的黏滞性减小。所有这些变化的结果，导致肌肉力量有很大程度的增长，特别是某些局部肌肉群力量能达到相当高的水平。

2. 促进健康，增强体质

经常从事健美锻炼，能对心血管系统、呼吸系统和消化系统等各内脏器官系统的功能产生良好的影响，使人体格健壮。健美锻炼可使人心肌增强、心腔容量增大，血管弹性增强，进而提高心脏的收缩力和血管的舒张力，使心搏有力，心血输出量增加，心跳次数也可减少到 60 次 / 分钟。这样心脏休息的时间就增多了，出现节省化现象。由于心脏的工作能力和储备力都提高了，这就使人精力充沛，能承受更大的负担量。健美锻炼还能使血液中的红血球、白血球和血红蛋白增加，从而提高身体的营养水平、代谢能力和对疾病的抵抗能力。健美锻炼对呼吸系统的功能也有良好的影响，能提高呼吸深度，增加每次呼吸时的气体交换量，这既有利于呼吸肌的休息，又可提高呼吸系统的功能储备，从而保证在激烈运动时满足气体交换的需要，提高机能水平。健美锻炼又能消耗大量的能源物质，运动后要给予补充。由于机体的需要，食欲就会增加，消化液分泌也会增多，消化能力会加强。特别是腹肌练习，可帮助肠胃的蠕动，这不仅有助于消化，也有助于吸收。随着训练水平的提高，消化系统的机能也随之增强。健美运动可使人体格健壮。人的体格一般分为消瘦、肥胖和壮实三种。消瘦的体格给人以干瘪的感觉；肥胖给人以臃肿不便的感觉；而壮实的体格给人以充实有力的感觉。壮实和消瘦，都以人体肌肉发达与否为依据。健美锻炼不仅能有效地发达肌肉，而且能有效地增强骨骼、肌腱和韧带等运动器官，还能变肥胖为结实，变体弱为强壮，所以，健美运动对人们的体格健壮起着重要的作用。

3.改善体形体态，具有健身作用

体形主要指全身各部位的比例是否匀称、协调、平衡、和谐，以及主要肌肉群是否具有优美的线条。体态主要指整个身体及各主要部位的姿态是否端正优美。健美运动能给予身体某些部位的生长发育以巨大影响，科学的训练还可以减少肌肉中的脂肪含量，达到消脂减肥的目的。这些变化都能够有效地改善人的体形体态。如三角肌发达了，肩部就显得宽阔；背阔肌增大了，能使身体呈美丽的倒三角；腹肌发达了，就会使腹部扁平、坚实……

4.调节心理活动，陶冶美好情操

心理活动主要是人脑对外界客观事物的反映。现代生活的节奏紧张，会使人产生紧迫感、压抑感，而紧张的体力劳动和脑力劳动又会使人产生疲劳感。出现以上情况，可以通过休息、睡眠、沐浴、放松按摩等恢复措施使疲劳得以消除。但神经疲劳是产生深度疲劳的主要因素，因此除了采用上述方法外，还可采用一些调节心理活动的积极措施，而健美运动则可以起到这方面的作用。通过卓有成效的锻炼效果来吸引人的注意力。如通过一段时间的锻炼之后，肌肉增长了，多余的脂肪减掉了，体形健美了，人在心理上就会产生一种满足感，使大脑得到积极的休息。健美运动还可以陶冶人的美好情操。爱美之心人皆有之，如果一个人执着地追求健与美，追求生活中真善美的东西，他就能自觉地抵制假丑恶的现象，感到生活很充实，从而在工作和学习中精神振奋、精力充沛、充满自信。健美运动所带来的形体美、姿态美的良好变化，也会使人变得活泼开朗、朝气蓬勃。所以，健美是一种青春常在的运动，它可以调节人的心理活动，陶冶人的美好情操。

5. 提高神经系统机能，培养顽强意志品质

中枢神经系统由脑和脊髓构成，而其最高指挥机关则是大脑皮层。它一方面担负着管理和调节人体内部各器官系统的活动，保持人体内部环境的平衡。另一方面则维持人体与外部环境的平衡。健美运动是在中枢神经系统的支配调节下进行的。反过来，进行健美锻炼也能提高中枢神经系统的机能水平。它能够提高神经过程的强度和集中能力，提高均衡性和灵活性，从而提高机体对内环境的适应能力。经常坚持健美锻炼的人，一般睡得熟，睡得深，很少患神经衰弱症。健美训练中，肌肉经常要工作到极限，健美爱好者要经常克服训练带来的肌肉酸痛等疲劳感觉和各种困难，长期持之以恒地坚持刻苦训练，可以培养顽强的毅力和不怕苦、不怕累的顽强意志品质。

第二节　健美运动的历史沿革

一、国际健美运动的传播与发展

氏族社会解体以后的古希腊，形成了数以百计的城邦国家。希腊人把战争作为敛财的重要手段，为了战胜敌人，身体强壮、身手矫健、体力耐久的斗士就成了人们崇拜的对象，在这种环境中，人们也就形成了特定时期的特殊的审美观。据希腊历史的记载，健美的人体，是呼吸宽敞的胸部，灵活而健壮的脖子，虎背熊腰的躯干和块块隆起的肌肉。著名的古希腊哲学家苏格拉底认为，人的一切活动不能脱离身体，身体必须保持高效率的工作，力量与肌肉的美只有通过身体才能得到，衰弱是耻辱。因此，在这种身体崇拜的影响下，古希腊人通过体育运动来实现塑造和培养身体强健的健美人物，当时举行的四年一届的古代奥林匹克运动会就是炫耀人体健美的场所，获胜者将会受到热烈的欢迎。此外，当时的古希腊还风行裸体艺术，参加运动的运动员必须裸体，所以运动场上人们不但能欣赏到运动员潇洒的动作，还能欣赏到他们发达的肌肉、健硕的身体以及各种动作体现出来的健、力、美结合的人体姿态。同时，运动场上的运动员们为了表现身体线条的优美、凹凸有致且富有弹性的肌肉，把全身都涂上了当地盛行的橄榄油。涂油的身体在光线的照耀下，其肌肉线条更加的表露、更加的丰满、更加的明显。著名的雕塑《掷铁饼者》，就是这一时期健美运动杰出的代表，雕像不仅准确生动地表达了人体运动的美，也体现了古希腊人别具一格的审美观。

透过古希腊的身体崇拜，我们可以看到健美运动的形象初具轮廓，为后来的健美运动进一步发展奠定了理论基础和评判标准。

19 世纪以前，欧洲一些国家如英国、德国等，已经用杠铃、壶铃等器械及其他重物来锻炼身体，这种利用器械的锻炼方式，既是现代竞技举重的起源，也是健美运动和力量举重的起源。这一时期的健美运动虽然初具轮廓，但是并没有对体形方面有特殊的要求，只是追求力的增长。大约到 19 世纪初，健美运动这个初生的婴儿开始渐渐成长。这一时期的健美运动在体形方面逐步有了改变，除了表演各种力量之外，还增加了用肌肉控制、造型的形式来表达自己丰满、匀称、发达的体形。19 世纪中后期，由于举重运动的出现，有人主张增长力量，主张到竞技场上参加角逐的愿望要求强烈。在 1896 年第一届现代奥运会上将举重正式列为参赛项目。然而另一些人则喜欢在发达的肌肉、健美的体形和塑造美的健美

表演中下功夫。在这种情况下，健美运动开始从举重运动中脱离出来。

经过 19 世纪初期之前的铺垫，健美运动的形成与发展已是众望所归。在 19 世纪末 20 世纪初，健美表演方面最具影响力的是德国的体育家山道（Sandow,1867—1925）。人们公认他的身体是健、力、美的精华。山道根据人体解剖学、运动医学等创造了用哑铃、杠铃等器械作为增强体质、发展力量、塑造肌肉、发展体形的健美运动项目，此外他还举办健美比赛，创办健美学校和《山道杂志》。由于他对健美运动做出的突出贡献，被尊称为"健美运动之父"。

20 世纪初，爱好健美运动的人越来越多，健美运动得到了广泛的开展。美国的医学专家列戴明早在 1920 年前就开办了健身函授班，这是美国各种组织中历史最为悠久、影响最大的一个组织。列戴明在健美理论和指导实践上都达到了相当高的水平。

1923 年 12 月，美国《体育》杂志主编麦克法登倡导和主办了世界上第一次健美比赛——全美男子健美比赛。将健美竞赛分为三个体重级别：轻量、中量、重量。30 年以后，男子健美比赛风行世界。随后，女子健美运动在北美和欧洲开始流行。1942 年，美国首先举行了"健美小姐"评选会，为女子健美比赛的开展奠定了基础。

20 世纪中期，健美运动逐步向健全化和完美化方向发展。加拿大人本·魏特和他的兄弟裘·魏特在 1946 年创健了国际健美联合会，并制定了健美比赛的国际规则。到 2017 年，国际健美联合会已有 180 个会员协会，是世界业余运动联合会中第八个最有影响的组织。

早期的世界健美比赛，既没有统一的竞赛规则，也没有统一的体重分级。1946 年，国际健美联合会成立后，制定了统一的竞赛规则。国际比赛一般采用按体重分级的三赛淘汰制。男子体重分为最轻量级（体重 65 公斤以下）、轻量级（65~70 公斤）、中量级（70~80 公斤）、次重量级（80~90 公斤）、重量级（90 公斤以上）五个级别。女子以体重分为轻量级（52 公斤以下）、中量级（52~57 公斤）和重量级（57 公斤以上）三个级别。各级别都按预选赛、半决赛、决赛的程序进行比赛，并按各轮参赛人数评分，决赛后以总积分少者名次列前。世界比赛的男子冠军称"世界（或奥林匹亚）先生"，女子冠军称"世界（或奥林匹亚）小姐"。同时，有的国家还开设了单项奖，比如男子"肌肉最发达者""背肌最佳者""胸肌最佳者"等；女子"最匀称者""最佳姿势者"等。

目前，国际健美联合会主办的国际比赛主要有健体比赛、比基尼比赛、古典健体比赛和传统健美比赛等。

二、中国健美运动的历史

中国的健美运动发展经历了艰难而复杂的历程，从诞生、初创、遭禁、复苏、起步、平稳到逐步发展。

20 世纪初期，国外健美运动信息传入中国。20 世纪 20 年代末，现代健美运动由欧美传入我国，由于条件限制，最初的健美运动仅在上海、广州等沿海城市兴起，开始运用杠铃、哑铃作为发达肌肉和改善体形的现代健美器械。

20 世纪 30 年代初，在上海沪江大学上学的赵竹光（1907—1991），将盛行于美国的一套健美体格锻炼法引进中国，在他的组织下，成立了中国第一个健身组织——沪江大学健美会。

1939 年 8 月，赵竹光与曾维祺成立了肌肉发达法研究会，并开办健身房。1940 年 5 月，两人在上海共同开办了上海健身

学院，宗旨是："推行科学化的健身方法，锻炼身体，增进健康"；校训是："健全的身体、健全的人格、健全的头脑、健全的灵魂"。赵竹光还主编了《健力美》杂志。上海健身学院为我国健美运动的发展培养了骨干力量。此后，参加锻炼的学员日益增多，其中多数是大、中学生，也有教师、剧作者、演员和导演。每年夏秋之间，学员多达五六百人。另外，该院还设有体育医疗班和健身函授科。函授科除有国内学员外，国外的则以印度尼西亚、菲律宾、新加坡和马来亚华侨居多。在此后的八年中，参加函授科的学生共有 2 000 多人。这不但促进了国际健美运动的发展，也推动了国内一些大城市的健美活动。

20 世纪 40 年代初期，上海健身学院发展迅速，学生人数不断增多。曾维祺于 1942 年 5 月另开办现代体育馆，亲自担任馆长，并主编了《现代体育》杂志。该馆开始聘请女教练，增设女子健美班，开展女子健美运动。

1944 年 6 月 10 日，在上海八仙桥青年会小礼堂，举行了我国第一次男子健美比赛。比赛按身高分成甲、乙、丙三组进行，共有 20 多位运动员参加。比赛时运动员从正面、侧面、背面做出规定动作和不限姿势方向的自选动作。由赵竹光、曾维祺、梁兆安等五位裁判评分，评选出各组的冠、亚、季军。当时获得甲组冠军的是黄辉，乙组冠军是柳顺奄，丙组冠军是茅冠卿。

中华人民共和国成立后，各地健美运动蓬勃发展。上海先后建立了健美体育馆、强华体育社、沪东体育馆和联华体育馆等 12 个锻炼健美的场所，参加健美锻炼者数千人。广州的健身院也发展到 10 所之多，并且发展到北京、南京、苏州等地，吸引了成千上万的青年参加健美锻炼。20 世纪 50 年代中期以后，由于错误地把健美这一运动项目当作西方资产阶级体育进行批判,健美运动遭到扼杀,停止发展,许多健美场馆转为开展竞技举重和挪作他用,健美运动停滞20余年。

1981年,健美运动在上海、广州、北京等地恢复,许多地方还开设了女子健美班,同年《健与美》杂志问世。1983年6月2~4日在上海举行了第1届"力士杯"全国健美邀请赛。这是中华人民共和国成立之后的第一次全国性的健美比赛,共有9个单位38名运动员参加比赛。获得第一名的男子运动员是:最轻量级云南黄华新,轻量级上海冷高伦,中量级江苏朱来喜,重量级北京张启伟。江苏朱来喜获全场冠军。

1984年5月1~12日,在广州举行了第2届"力士杯"全国健美邀请赛,参赛者增至11个单位、52名运动员。

随着健美运动的不断发展,1984年10月24~28日,应国际健美联合会邀请,娄琢玉出席了在美国拉斯维加斯召开的第38届国际健美年会,并做了《健美运动在中国》的报告。1985年11月2日,国际健美联合会接纳中国为国际健美联合会的第128个会员国,确定了中国健美运动的国际地位,为中国参加国际健美活动创造了条件。

1985年6月21~23日,在北京展览馆剧场举行了第3届"力士杯"全国健美邀请赛。国际健美协会主席本·魏特专程来华观看了比赛并进行了讲学。本次比赛有23个单位、94名男运动员参加了4个级别的角逐。由《中国妇女》杂志社组队的8名女运动员和北京市东城区健美队的女运动员进行了单人、双人、三人和集体造型表演,开创了中国内地女子健美运动正式登上比赛擂台的新局面。

1986年11月27日,正式成立了中国举重协会健美运动委员会。同年11月28~30日,在深圳举行了第4届"力

士杯"全国健美邀请赛，共有 48 个代表队、228 名运动员参加比赛，其中女运动员 57 人。女子健美首次列入了正式的比赛，并按照国际健美规则统一着三点式比基尼泳装出赛，引起了国内外的关注。

1987 年，国家体委将一年一度的"力士杯"全国健美邀请赛正式改名为"全国健美锦标赛"。并规定每年举办一次"全国健美锦标赛"，一次"全国健美冠军赛"。

1988 年 10 月，中国健美队参加了在澳大利亚黄金海岸举行的第 42 届世界业余男子健美锦标赛，这是中国首次派选手参加世界比赛，是中国健美运动走向世界的标志。

1989 年 9 月 20 日，中国健美协会加入亚洲健美联合会。2005 年在上海举行的第 59 届世界健美锦标赛 60 公斤级比赛中，钱吉成在众多世界高手的夹击下勇夺冠军，成为中国历史上第一个健美世界冠军。

21 世纪以后，我国健美运动不断发展，全国各地的健美健身训练馆和健美俱乐部已有 10 余万家，参与健美锻炼的人数已达数千万人，全国和省市健美比赛的规模不断扩大，比赛类型和健美锻炼方式不断增多，竞技健美水平日益提高，中国健美运动水平已进入亚洲先进行列。此外，全国各高等院校和体育院校都把健美运动作为体育教学的正式内容，受到了学生的普遍欢迎并取得了突出的健身效果。

第三节　人体健美的标准

人体美是健、力、美三者的结合，它包括了生长发育健康而又完善的机体，发达有力的肌肉，优美的人体外形和健康向上的精神气质。

一、男子健美标准

（一）肌肉发达，体魄健壮

肌肉是人体的力量之源，同时也是力的象征，因此健美的体形和健壮的体魄是和发达的肌肉密切相关的。在艺术家、人类学家和体育学家眼里，发达的肌肉和健壮的体魄是人体美的重要因素。有了发达的颈部肌肉能使人颈部挺直，强壮有力；发达的胸肌能使人胸部变得坚实而挺拔；发达的肱二头肌、肱三头肌及前臂肌群，可使手臂线条鲜明，粗壮有力；覆盖在肩部的三角肌可使肩部增宽，加上发达的背阔肌，会使躯干呈现美丽的"V"（即倒三角）形；有力的骶棘肌能固定脊柱，使上体挺直，不致弓腰驼背；发达的腹肌能增强腹压，保护内脏，有利于缩小腰围，增强美感；发达的臀部肌肉和有力的下肢肌肉，能固定下肢，支持全身，给人以坚定有力之感。总之，发达而有弹性的肌肉是力量的源泉，也是健美的象征。

（二）体形匀称，线条鲜明

体形反映人体的外部形象，是构成人体健美的重要因素之一。从研究人体美的角度来看，可将体形分为三类：

1. 胖形

胖形的特点是上（肩宽）下（臀围）一般粗，躯干像水桶，腰围大；腹壁脂肪厚，腰两侧下垂，腹部松软；胸部脂肪多而下坠，有些女性化。颈部短粗，双下巴。体重超过标准体重的20%～50%。

2. 瘦形

瘦形的特点和胖型相反，腰围很细，躯干上小下大，肩窄、胸平；四肢细长，肌肉不丰满，线条不明显；颈部细长，无双下巴。体重低于标准体重的 15% ~25%。

3. 肌形

肌形的特点是肩宽、臀小，背阔肌大，上体呈倒三角形；腰围较细，腹部肌肉明显；四肢匀称，肌肉发达；颈部强壮有力。体重低于或超过标准体重 5% 左右。

经常从事体育运动者，特别是运动员，多为肌型（运动型）。他们身材匀称，肌肉发达，线条鲜明。了解体形分类，就可以通过健美锻炼来改善自己的体形。身体肥胖者可通过锻炼减肥，身体瘦弱者可通过健美锻炼增加体重，以使体格健壮，肌肉发达柔和。

（三）精神饱满，坚忍不拔

精神饱满的外在表现是皮肤健美、姿态端庄、动作潇洒；内在表现则是富有朝气、勇敢顽强、坚忍不拔。

1. 皮肤健美

皮肤健美是人体美的重要表征。苏联著名诗人马雅可夫斯基称颂结实的肌肉和古铜色的皮肤是世界上最美丽的衣裳。皮肤是健康状况的镜子，红光满面、气色好的人才有精神。红润光泽的肌肉和经常锻炼、适当的营养、正常的生活规律以及好的情绪等因素有关。应经常参加健美锻炼，能保护好皮肤。

2. 姿态端庄，动作潇洒

中华民族有着悠久的历史文明，历来重视人的一言一行、一举一动。优美的坐姿应该是抬头、挺胸、直腰、收腹。优美的站姿应该是"三挺一睁"，即挺颈、挺胸、挺腿，两眼圆睁，目视前方，头颈、躯干和脚在一条直线上，两臂自然下垂。优美的走姿应该是保持身体正直，挺胸直腰，微收小腹，膝和足尖始终正对前方行进，两臂自然摆动，步伐稳健而均匀。总之，优美的姿态和潇洒的动作，既符合人体解剖学和生理学的原理，又能给人以健美的印象。

3.勇敢坚定，坚忍不拔

人是一个有机的统一整体，人体美是形体美和精神气质美的和谐统一，两者的有机结合才称得上是真正的健美。因此，必须具有勇敢无畏的精神，坚忍不拔的意志，刚毅果断的性格和良好的品德修养。这就要求在进行健美锻炼的同时，必须注意加强思想作风、意志品质、精神气质的锻炼和提高。

总之，男子应该具有发达的肌肉，健壮的体魄，匀称的体形，魁梧的身体，端正的姿态，潇洒的风度，以及发自心灵深处的勇敢无畏、刚毅果断、坚忍顽强的精神气质的阳刚之美。

表 1-1　男子健美体围标准

身高 （厘米）	体重 （公斤）	胸围 （厘米）	扩展胸围 （厘米）	上臂 （厘米）	大腿 （厘米）	腰围 （厘米）
155~157	52~55	94	99	32	50	65
157~160	52~59	95	101	33	51	66
160~163	54~62	96	102	33	52	67
163~166	56~65	98	103	34	53	68
166~169	58~68	100	104	34	53	69
169~171	60~70	101	105	35	54	70
172~174	63~72	102	106	35	55	71
174~177	65~75	103	107	36	55	72
177~180	68~78	104	109	36	56	73
180~183	72~84	105	110	37	56	74

二、女子健美标准

由于女子在身体结构和生理机能等方面均与男子有着明显的区别，而表现出自身的特点，因此，女子也有自身的健美标准（区别于男子健美的形态）。

（一）适度的肌肉，健康的体魄

对于女子来说，不应该要求像男子一样发达的肌肉，因为两者生理特点不同。女子全身肌肉占体重的 32%~35%，脂肪占 28%。而男子全身肌肉占体重的 40%~45%，脂肪占 18%。所以，女子既不可能练出像男子那样发达的肌肉，同时也没有必要，因为那样就失去了女性美。女子应有适度的肌肉，并且皮下应有适度的脂肪，从而使得主要的肌肉群显现出圆润的线条，而不应像男子那样练得青筋暴露，甚至一根根肌束都很明显。当然，健康的体魄仍然是女性美的重要条件，不赞成那种弱不禁风的病态美。

（二）匀称丰满，具有女性曲线美的体形

体形是衡量女子健美的主要标志之一。达·芬奇说过，美感完全建立在各部分之间神圣的比例关系上。因此，美的体形首先要各部分比例匀称协调，按照分类应以运动型为佳。女性的体形应该丰满而不肥胖，有一种健康之美；苗条而不瘦弱，有一种精干之美。但是不管是丰满还是苗条，都应该具有女性特有的曲线美，真正显现出女性的形体美。

丰满而挺拔的胸部是构成女性曲线美的主要标志之一。乳房应丰满而富有弹性，并应有适度发达的胸肌作为依托，从而

构成胸部优美的曲线。过分肥大松弛或过于干瘪的乳房将影响女性的美观。

坚实平坦的腹部和稍微纤细苗条的腰部是女性曲线美的又一标志。只有这样才能显现出腰部优美的线条。腰腹周围过多地堆积皮下脂肪，无疑会显得臃肿。

丰满而适中的臀部构成女子体形又一优美的曲线。臀部过分肥大同样会显得臃肿，有损于形体美；反之过于瘦小，则表现不出形体的曲线。

修长而有力的四肢也是女子形体美不可缺少的一部分。腿部应略长于躯干，这样显得修长而苗条；腿部既不能粗胖，也不能瘦长，而应有结实的肌肉，才能显现出腿部优美的曲线。

（三）红润光洁的皮肤

红润光洁的皮肤给人以容光焕发、朝气蓬勃之感，无疑会增加女性的魅力。黝黑而无光泽，或者净白而无血色，甚至灰黄而衰惫，这样的皮肤均会影响女性的美观。皮肤还应光洁、细腻，并富有弹性，这样才显得青春焕发。为此，除应加强对皮肤的保护外，还应注意皮肤的清洁卫生，多参加户外锻炼，适当的光照，经常保持舒畅的心情，避免皮肤过早地衰老。

（四）端庄秀美的姿态，活泼大方稳重的性格和气质

端庄优美的姿态可增加女性的风度，既神采飘逸、妩媚动人，又不轻浮。活泼大方而又稳重的性格和气质，可使女性具有一种内秀之美。达到这些要求，与个人的性格和气质有关，更要靠提高个人的文化水平和加强思想品德修养。

总之，女性应该有适度的肌肉、健康的体魄、匀称丰满而有曲线的体形，红润光洁的皮肤，端庄秀美的姿态，要有活泼

大方、稳重的性格和气质。

表1-2　女子健美体围标准

身高 （厘米）	体重 （公斤）	扩展胸围 （厘米）	臀围 （厘米）	腰围 （厘米）
152~154	46~49	88	88	58
154~158	47~51	88	88	58
158~161	48~55	89	89	60
163~166	50~58	90	90	61
166~169	53~60	91	91	61
169~171	55~63	93	93	62
172~174	56~65	94	94	63
174~176	60~68	96	96	66
176~178	62~72	100	98	68

第四节　体形测量与评价

一、体形测量

参加健美训练前后，应进行身体检查，取得生长发育、形态和生理机能等指标，并逐一登记，以便进行对比，检查训练的效果。通过测量，可以比较准确地评定自己的身体是否健美，生长发育是否正常，从而有的放矢地进行训练，弥补缺点，获得健美的体形。

（一）脉搏

脉搏是指动脉的搏动。在正常情况下，成年人安静时每分钟脉搏为 70 次左右。通过健美训练之后，心脏功能提高，心跳缓慢、强而有力，脉搏次数降至每分钟 50 次左右。采用小负荷量进行测试，在 30 秒钟内做 20 次原地蹲起时脉搏次数上升的百分比作为心脏功能的指标，其计算公式如下：

上升值（％）＝（下蹲后脉搏次数 − 安静时脉搏次数）÷安静时脉搏次数

评定标准：上升值达 25% 以下为优，26%~50% 为良，51%~75% 为及格，75% 以上为差。

用哈弗台阶试验能准确地评定出心脏功能。男子用台高 40 厘米跳阶方法，在两级台阶上，单足上台，同时另一足也离地上台，前一足下台，接着后一足也下台，如此反复上下，要求 1 分钟登台 30 次，持续 5 分钟，做完后休息 1 分钟。分别测第 1、2、3 分钟前 30 秒钟的脉搏次数，计算出台阶指数。计算公式如下：

台阶指数 ＝ 登台时间 ÷ 脉搏次数总和 × 100%

评定标准：指数少于 55 为劣，56~64 为稍差，65~79 为一般，80~89 为稍好，大于 90 为优。

（二）血压

血压是指体内循环的动脉血压。在一个心动周期中，心室收缩时动脉血压达到最高值，称为收缩压（或高压），当心室舒张时，血压下降到最低值，称为舒张压（或低压）。收缩压和舒张压之间差称之为脉压。我国成年人的正常高压为 100~130 毫米汞柱，平均为 110 毫米汞柱，低压为 60~90 毫米汞柱，平均为 70 毫米汞柱。血压的测量方法：受试者测量

前静坐 10 分钟，取坐姿，右臂自然伸直，平放于桌上，试者将血压计的脉压带捆绑于其上臂，听诊器的听头放在肱脉上，然后打气入袋，汞柱便急速上升，直至听不到肱动脉脉搏后，等汞柱升高 30 毫米左右时，便缓缓放气，听到的第一声脉跳音时的汞柱高度为收缩压，声音变得模糊不清时的汞柱高度为舒张压。

（三）肺活量

人体尽全力吸气后，再尽全力呼出的气体总量，称之为肺活量。一个人肺活量的大小，决定其肺功能的强弱。功能好则吸入的气量大，功能差则吸入的气量小。肺活量的大小，在一定程度上决定了人体呼吸系统和身体健康程度。

测量肺活量用肺活量计。测试前，受试者先做 1~2 次深呼吸，然后尽量吸气并尽量吐气。在呼气时不得做任何附加动作，要一次呼出。测三次，取其中的最大值。我国成年男子肺活量为 3 500~5 000 毫升，40 岁以后，肺活量逐渐减少。经常参加健美训练者，肺活量可达 5 000~6 000 毫升，同时肺活量与身高、年龄和体重也有密切关系。

计算评价：

肺活量 = 身高（厘米）× 不同年龄人的肺活量系数

肺活量与体重之间的指数 = 肺活量（毫升）÷ 体重（公斤）

评定标准：男子指数为 60，女子指数为 50，即男子标准肺活量为自己体重的 60 倍，女子标准肺活量为自己体重的 50 倍。例如：体重为 70 公斤的男子，其标准肺活量为 4 200 毫升，超过正常指数越大，说明肺活量大，心肺功能也就越好。

表 1-3　不同年龄肺活量系数表

年　龄＼性别	男子	女子
16	2 241	1 751
17	2 271	1 784
18~20	2 430	1 874
21~40	2 556	1 995
41~70	2 436	1 774

（四）身高与体重

身高是骨骼发育情况的主要指标。身高在一天之内有变化，早晚身高相差约为 2 厘米。男子身高的增长持续到 25 岁左右，女子增长持续到 20 岁左右，50 岁之后有所下降。测量身高时，被测者不得穿鞋，足跟、骶部和两肩胛骨中间部位与伸长计的主柱紧贴；双臂自然下垂，眼睛平视。测量误差不得超过 0.5 厘米。人的身高一般在清晨较高，傍晚较低。这是因为经过一天的活动和身体重力的作用，足弓变浅；脊柱椎体间隙变小，椎间盘变薄；脊柱也会弯曲一些。经过一夜的休息，清晨时身高又复原了。所以，身高测量应在相同的条件下，用统一方法进行测量，以减少误差。

体重是身体发育状况的基本指标，它反映人体肌肉的发达程度。测体重可用体重计，最好在饭前测，误差不超过 0.5 公斤。因肌肉的比重较脂肪大，故肌肉丰腴健美者可能会超过正常体重标准。

人的体重不宜过重，也不宜过轻。瘦长体型的人如经常练

健美，可使肌肉纤维体积增大，肌肉粗壮，体重增加；肥胖型的人练健美，则可以消耗体内多余的脂肪而变苗条（需要一定的运动量和适当控制饮食）。

计算评价：

体重与年龄、身高也有密切关系，其标准体重的计算方法如下：

男子标准体重 =50+[身高（厘米）–150]×0.75+（年龄 –21）÷5

女子标准体重 =50+[身高（厘米）–150]×0.32+（年龄 –21）÷5

例如：身高 166 厘米的 18 岁女子，其标准体重为 50+（166–150）×0.32+（18–21）÷5=54.5 公斤

身高与体重的关系指数 = 身高（厘米）–[100+ 体重（公斤）]

评定标准：男子标准指数为 5~8，女子为 3~5。若指数大于 15 时，则身体过于细长，肌肉无力；指数小于 1 时，则身体过于肥胖。

（五）骨骼形态和肌肉围度

人们不但要通过训练获得健康的身体，而且还应获得协调、匀称、优美的体形。这种优美的体形包括标准的骨骼形态比例和各部肌肉的标准围度等。

1. 围度的测量

（1）颈围的测量

颈的围度可以反映颈部肌肉的发育情况。测量时，被测者身体直立，眼睛平视，两臂自然下垂，口微开以减少颈部的肌肉紧张；测量者将皮尺水平置于颈后第七颈椎上缘，前面置于喉结下方，即颈部最细的部位，这样所测量的围度即为

颈围。

（2）肩围的测量

肩的围度可以反映肩部骨骼和肌肉的发育情况。测量时，被测者直立，两臂自然下垂；测量者将皮尺放在被测者两腋前线顶点，水平围肩一周所测量的围度即为肩围。

（3）胸围的测量

胸的围度反映胸廓的大小和胸部肌肉与乳房的发育情况，是身体发育状况的重要指标。测量时，被测者身体直立，两臂自然下垂。皮尺前面放在乳头上缘（女子放在乳房上），皮尺后面置于肩胛骨下角处。先测量安静时的胸围度，再测深吸气时的胸围度，最后测深呼气时的胸围度。深吸气时与深呼气时的胸围之差成为呼吸差，可反映呼吸器官的功能，一般成人呼吸差为6~8厘米，经常参加锻炼者的呼吸差则可达10厘米以上。测量未成年女性时，测量者应将皮尺水平放在被测者肩胛骨下角，前方放在乳峰上，测出胸廓一周的围度。在测量胸围时，应注意提醒被测者不要耸肩，呼气时不要弯腰。

（4）臂围的测量

臂的围度可反映上肢肌肉的发育情况。

上臂围的测量：上臂围是反映肱三头肌、肱二头肌等上臂肌群的发达程度，分为紧张围和放松围。测量时，被测者两脚左右开立，与肩同宽，上体正直。测紧张围时，一臂向斜前方平举，掌心向上，握拳。前臂最大限度地用力弯曲，用皮尺测量肱二头肌最隆起的部位，然后臂自然下垂，手指放松。这时再用皮尺测量同一部位，即为放松围。

前臂围的测量：前臂围是反映前臂肌肉群的发达程度。测量时被测者两臂在体侧伸直，掌心向内握拳，量前臂肌最粗的部位。

（5）腰围的测量

腰的围度可以反映腰腹部肌肉的发育情况。测量时，被测者应直立，两臂自然下垂，呼吸保持平稳，不要收腹；测量者将皮尺水平放在被测者髂骨以上3~4指处。即腰的最细部位处，这样测出的围度即为腰围。

（6）臀围的测量

臀的围度可以反映髋部骨骼和肌肉的发育情况。测量时，被测者两腿并拢直立，两臂自然下垂。测量者将皮尺水平放在髋部左右大转子骨的尖端，围臀一周所得的围度即为臀围。

（7）腿围的测量

腿的围度可反映下肢肌肉的发育情况，腿的围度测量分为大腿围的测量和小腿围的测量。

大腿围的测量：被测者两腿分开，与肩同宽，两腿平均负担体重；测量者将皮尺放在被测者臀下横纹处，水平测量大腿一周的围度即为大腿围。将测出的左右两大腿围度值相比较，可看出左右两腿的肌肉发育是否均衡。

小腿围的测量：被测者两腿分开，与肩同宽，两腿平均负担体重；测量者将皮尺放在被测者小腿最粗的部位，水平测量小腿一周的围度即为小腿围。将测出的左右两小腿围度值相比较，可看出左右两腿的肌肉发育是否均衡。

2. 骨骼形态的标准比例

标准的人体肩宽、腕围、膝围、踝围的骨骼围度均有一定的比例。这些围度的标准化比例应为踝围乘以不同系数值，其计算方法如下：

腕围 = 踝围 ×0.811

膝围 = 踝围 ×1.667

肩宽 = 踝围 ×1.72

人体各部肌肉群的标准围度与常态下的标准胸围有如下关系：

标准胸围 = 腕围 ×5.8

颈围 = 标准胸围 ×38%

上臂放松围 = 标准胸围 ×36%

前臂围 = 标准胸围 ×30%

腰围 = 标准胸围 ×75%

男子臀围 = 标准胸围 ×90%

大腿围 = 标准胸围 ×54%

小腿围 = 标准胸围 ×36%

女子标准的肌肉围度与男子不同，女子臀围计算应是吸气时的胸围乘以 90%。

二、体形评价

1. 体形指数的计算方法

体型指数是体重与身高之比和胸围与身高之比的总和，充分反映了人体纵轴、横轴和组织密度，与心肺和呼吸机能息息相关，是一个很好的评价体质、体格状况的指数。计算公式为：

体形指数 =[体重（公斤）+ 胸围（厘米）]÷ 身高（厘米）×100

评定标准为：男子体形指数在 85 以上为体格发育良好，84~84.5 为体格发育一般，84 以下为体格发育较差。

2. 男子标准体形的计算方法

胸围约等于臀围；

腰围比胸围或臀围小 13~18 厘米；

大腿围比腰围小 20~25 厘米；

踝围长比小腿围小 15~18 厘米

上臂围约两倍于手腕围。

3. 男子健美体形的计算方法

身高（厘米）：胸围（厘米）=1.60~1.65；

胸围（厘米）：上臂围（厘米）=2.80~3.00；

胸围（厘米）：大腿围（厘米）=1.80~2.00；

胸围（厘米）：腰围（厘米）=1.50~1.55；

颈围（厘米）= 上臂围（厘米）= 小腿围（厘米）

4. 女子健美体形的计算方法

身高 / 脐高（厘米）=1.618

0.5 肩围 / 颈围（厘米）=1.618

身高 / 胸围（厘米）=1.8

大腿围 / 臂围（厘米）=1.618

肩围 / 腰围（厘米）=1.618

大腿围 / 小腿围（厘米）=1.618

5. 全身肌肉群发达程度的计算方法

A=【（两上臂围 + 两大腿围 + 两小腿围 + 胸围）÷2】÷
【（两腕围 + 两膝围 + 两踝围）÷2】

经计算，A 值越大，说明全身各部位肌肉越发达，体态越丰腴、健美。

6. 全身肌肉群均衡发展的计算方法

经过对两上臂围差，两大腿围和两小腿围差的计算，得出的差值越小越好。围度差值越小，说明身体各部位比例越趋于协调、匀称，肌肉的发展也越趋于均衡、饱满、健美。

7. 合理运动负荷心率的计算方法

通过实验发现，能强身健体的合理运动负荷是本人最大运动心率值的 85%~65%，也称为靶心率或叫做目标心率（是指能获得锻炼效果并能确保安全的心率）。运动负荷心率的计算方法如下：

最大运动心率 =220 - 年龄；

合理运动负荷心率的上限 = 最大运动心率 ×85%

合理运动负荷心率的下限 = 最大运动心率 ×65%

心率的值是一个范围，高于或者低于范围区域，就要适当减少或增大运动负荷，把运动心率调整到这个范围。

第五节　健美运动器械

一、健美运动的一般器械

（一）杠铃

杠铃是健美训练的一种重要器械，一般分为举重比赛用的标准杠铃以及各种各样的非比赛杠铃。

1. 标准杠铃

标准杠铃指举重比赛用的国际标准杠铃，其尺寸、规格和加工精度等都有严格规定。男子比赛用标准杠铃的杠铃杆长度为 220 厘米，握把直径 2.8 厘米，重 20 公斤；女子比赛用标准杠铃杆长度握把直径 2.5 厘米，重 15 公斤。

2. 非标准杠铃

非标准杠铃又称练习杠铃，指发达肌肉、发展力量训练用的一般杠铃。非标准扛铃的尺寸和规格要求不严格。

3. 曲轴杠铃

曲轴扛铃是指为发达臂部肌肉而特制的一种弯曲轴杠铃。

（二）哑铃

哑铃是健美训练的常用器械，男女皆宜，深受健美爱好者喜欢。主要有以下两种类型。

1. 固定重量哑铃

固定重量哑铃一般用铁铸成，外形为两头粗、中间细。有多种重量之分。

2. 可调节重量哑铃

可调节重量哑铃类似缩小了的杠铃，由短铁棒套上大小不等的铁片构成，使用时可根据需要自由调节重量，是健美训练的必备器械。

（三）壶铃

壶铃是练习力量、发达肌肉的辅助器械之一，一般由生铁制成。壶铃的重量有：35、30、25、20、15、10公斤等。壶铃可以供单臂练习或双臂同时练习，使用比较方便。

（四）拉力器

拉力器的种类很多，有滑轮拉力器、滑板拉力器、橡皮条拉力器、弹簧拉力器等。拉力器也是增强人体各部位肌肉力量的一种较好的器械。

1. 滑轮拉力器

滑轮拉力器有组合式滑轮拉力器和固定于墙上的滑轮拉力器。它的练习效果好，对发达上肢及肩、背部肌肉有积极的作用。可单臂练习也可双臂练习

2. 橡皮条拉力器

橡皮条拉力器即用一条 2~3 米长的橡皮条，在其两头固定上握柄，选择固定一个地方就可以用力拉，以发达肌肉。另外，也可制成弹簧拉力器的式样进行练习。

3. 弹簧拉力器

弹簧拉力器由 4~6 条钢丝弹簧和两个木制手柄组成。此种拉力器较常用，且拉力很大，每条钢丝一般有 4~6 公斤拉力。

（五）卧推架

卧推架是增强上肢和胸大肌力量的辅助器，用木制或铁制均可。它由放杠铃的架子和凳子组成，包括平卧和斜卧两种。在卧推架上可做卧推、仰卧飞鸟等多种练习。

（六）卧拉凳

卧拉凳的支架一般用钢管焊制而成，板面用人造革海绵制作，通常高度为 45~55 厘米。卧拉凳下放置杠铃，可做俯卧拉或划船等动作，以发达背阔肌。

（七）活动斜板

活动斜板与升降架和肋木配合使用，可调节高度，是增强腹部肌肉力量的辅助器械。

（八）深蹲架

深蹲架用铁料和木料制作，架子上装一层橡皮垫。也可以根据需要作铁制支架。主要用于练习深蹲和半蹲，增强腿部力量，发达腿部肌肉。

（九）弯腿架

练习者坐在弯腿架凳上，以脚背钩住杠铃横杆做伸小腿练习，以发达股四头肌。也可以俯卧在弯腿架凳上，以脚后跟拖住横拖棍，然后以股二头肌力量收缩向上弯举，做屈小腿动作。

（十）升降架

升降架用铁管制成，把杠铃放在中间托座上，可自由调节高度。可做半蹲、腿举、负重提踵、架上推举等多种动作。对发达腿部肌肉效果较好。

（十一）卷腕器

卷腕器是发达前臂肌群的专用练习器，对于增强腕力和握力效果很好。

1. 简易卷腕器

用一根长 30~40 厘米、直径 3~4 厘米的木棍，中间打一个孔，穿入长约 1 米的绳子，绳子的另一端绑结在杠铃片或其他重物上。杠铃片或重物的重量可根据个人情况调节。

2. 固定支架式卷腕器

把木棍置于固定的支架上，木棍打一孔，穿入绳子，并与杠铃片绑结在一起。由于支架固定，使用起来方便。

二、健美运动的专用器械

（一）单项练习器

单项练习器指根据需要，为发达某些特定部位肌肉群而采用的液压式和机械式训练器械。这些器械使用方便、安全，效果很好。

1. 液压式练习器

液压式练习器使用时，无冲击、无噪音，安全方便。液压式练习器包括卧推练习器、坐推练习器、蹲跃练习器、功率自行车、旱地雪橇、跑台、健腹飞机等。

2. 机械式练习器

机械式练习器包括滑轮拉力器、蹬力练习器、坐推练习器、功率自行车、跑台。

目前，国内外生产的健美多功能组合练习器种类很多，这些练习器一般都具有多功能、设计合理、可发达全身各部位肌肉的特点。

第二章
健美运动的基本知识

第一节　人体肌肉生理和解剖常识

在健美运动训练中，掌握一定的肌肉生理、解剖知识能让训练达到事半功倍的效果。每块肌肉都有其训练原理，当我们掌握这些原理后，会对训练起到很大的帮助。

一、肌肉的概述

人体肌肉绝大多数附着在躯干和四肢骨骼上，故称骨骼肌，简称肌肉。骨骼肌在人体上大多呈对称分布，多达 400~600块，健美锻炼常涉及的有 30 余对。骨骼肌是运动系统中的动力部分，它收缩牵引骨绕关节转动，完成各种能表现出健、力、美形体的动作。成人的骨骼肌，男性占体重的 43%，女性占体重的 35%。四肢肌肉占肌肉总重量的 80%，其中，下肢肌占50%，上肢肌占 30%。健美运动能使肌肉十分发达，健美训练有素者，肌肉重量可达体重的45%以上，甚至更高。

（一）肌肉的分类

肌肉按结构和功能的不同可分为平滑肌、心肌和骨骼肌三种，按形态可分为长肌、短肌、阔肌和轮匝肌。健美运动主要发展长肌和阔肌。

1. 长肌

长肌多分布于四肢，如肱二头肌、股四头肌等。长肌收缩时能带动骨杠杆产生较大的运动幅度。

2. 阔肌

阔肌多分布于胸腔、腹腔和盆腔壁上，如胸大肌、背阔肌等。阔肌面积比较大，多数阔肌的肌纤维呈不同方向分布，能局部收缩或整体收缩，功能多样。健美训练中应采取不同的练习方法锻炼阔肌。

（二）肌肉的构造

每块肌肉都是一个器官，由肌纤维、结缔组织、血管和神经等构成。

1. 肌肉的宏观构造

每块肌肉一般分为中间膨大的肌腹和两端的肌腱。

（1）肌腹

肌腹主要由若干条肌纤维构成，每条肌纤维长 10~15 厘米，有的长达 30 厘米，肌纤维具有收缩和舒张的能力。肌腹的收缩能力与伸展性较强，但抗张力强度很差。研究证明，在肌肉松弛时，其抗张力强度仅为 5.4~10 公斤／厘米^2。

（2）肌腱

肌腱位于肌肉的两端，长肌的肌腱呈圆索状，阔肌的肌腱

呈扁平状。肌腱无收缩能力，但具有很大的抗张力强度。研究证明，成人肌腱的抗张力强度为 661~1 265 公斤 / 厘米 ^{2}。

2. 肌肉的微观构造

一块肌肉包含着若干大的肌束，大的肌束内包含着若干小的肌束，即使小的肌束内也包含着上百条肌纤维。一条肌纤维内包含着与之平行排列的上百条肌原纤维。每条肌原纤维内包含着上千条肌微丝。肌微丝又分为肌动蛋白微丝和肌球蛋白微丝，肌微丝内含有肌红蛋白和肌浆等能量物质。所以肌肉收缩的实质是由上述生化物质的化学能转变为机械能的过程。

骨骼肌纤维分红肌纤维和白肌纤维两类。支配白肌纤维的运动神经元大，放电频率高，肌原纤维中 ATP 酶、糖酵解酶的活性均较高，因而收缩力大、反应快，容易疲劳；红肌纤维中含肌红蛋白多，收缩力小，但不易疲劳。所以把白肌纤维称为快肌纤维，红肌纤维称为慢肌纤维。以力量为主的健美运动训练中，运动员应当在力量性和速度性训练中发展白肌纤维。

3. 肌肉的特性

肌肉的特性由肌肉的物理特性和生理特性组成，它们是肌肉活动的基础。

（1）肌肉的物理特性

肌肉的物理特性主要包括伸展性、弹性和黏滞性。肌肉在外力作用下可被拉长为肌肉的伸展性。当外力消失时，肌肉又恢复到原来形状，为肌肉的弹性。肌肉活动时由于肌肉内部各蛋白分子相互摩擦产生的内部阻力为肌肉的黏滞性。肌肉的物理特性受温度的影响。当肌肉温度升高时，肌肉的黏滞性下降，伸展性和弹性增加。健美训练前，务必做好准备活动，使体温升高，减少肌肉黏滞性所产生的阻力，以加快肌肉收缩速度，提高肌肉的工作能力和预防肌肉被拉伤。

（2）肌肉的生理特性

肌肉的生理特性主要有肌肉的兴奋性、传导性、收缩性。肌肉具有对刺激发生反应兴奋的能力为肌肉的兴奋性。肌肉接受刺激后所产生的兴奋，可通过肌细胞将兴奋传导至兴奋组织的特性称为肌肉的传导性。肌肉兴奋后产生收缩反应的特性为肌肉的收缩性。

4.肌肉的工作术语

附着在骨面上的肌肉，最少跨过一个关节，肌肉收缩时才能使骨杠杆绕关节按肌肉的拉力方向运动。弄清肌肉的收缩功能，指导健美锻炼，必须先了解如下概念。

（1）肌肉的起点和止点

骨骼肌两端附着处，分别称为起点和止点。某一肌肉，凡靠近身体正中面或肢体近侧端的附着点称为起点。同一块肌肉，凡远离身体正中面或肢体近侧端的附着点称为止点。肌肉的起点和止点是恒定不变的。某些躯干肌(如腹直肌、竖脊肌)的肌肉行向大体与四肢上长肌行向相似，其肌肉的起止点也与长肌雷同。

（2）肌肉收缩时的定点和动点。

肌肉收缩时相对固定在骨面上的肌肉附着点称为定点。向固定点方向收缩的另一个肌肉附着点称为动点。动点和定点是不恒定的，当肌肉工作条件(收缩方向)改变时，二者关系相互转换。

（3）近固定收缩和远固定收缩

肌肉收缩时以近侧端为定点称近固定收缩。例如，四肢肌的肱肌收缩可拉引前臂向上臂方向运动(如持哑铃"弯举")。肌肉收缩时以远侧端为定点称远固定收缩。例如，背阔肌收缩，可拉引躯干向上臂方向运动(如引体向上)。

（4）上固定收缩和下固定收缩

用来分析附着在躯干上的某些肌肉的工作。例如，腹直肌上端的附着点在胸骨、肋骨上，下端的附着点在盆骨上。因此，在上固定时做悬垂举腿动作，在下固定时做仰卧起坐动作。肌肉收缩时两端的附着点都不固定，产生相向运功，称为无固定收缩（例如，仰卧起坐为腹直肌的无固定收缩）。健美锻炼时，采用上（近）固定收缩形式，可有效地发达肌肉块的上部。采用下（远）固定收缩形式，可有效地发达肌肉块的下部。无固定收缩形式有效地发达肌肉块中部。

二、肌肉生长的原理

科学性的健美锻炼可使肌肉的形态、结构、功能发生良好变化。其变化主要表现在以下五个方面，这也是肌肉生长的基本原理。

（一）肌肉体积增大

健美锻炼促进肌肉体积增大、肌肉比重增加。肌肉体积增大表明肌肉内肌纤维增粗。肌肉体积与肌肉力量成正相关，肌肉体积越大，其生理横断面也越大，肌肉的生理横断面越大，肌肉力量也越大。上述相依关系且不受性别与年龄的制约。

（二）肌肉内能量供应充沛

健美锻炼中肌肉经常性锻炼，促使肌肉内的线粒体增大增多。线粒体是肌细胞（肌纤维）的"供能站"，能形成三磷酸腺苷（ATP），ATP是肌肉收缩时能量的唯一直接来源。所以肌肉内的线粒体数量增多，形态增大，能增强ATP在酶的作用下进行分解，释放出能量（每分子 ATP 的分解，可释放出 50.2 千焦热能），供肌细胞（肌纤维）功能活动的需要。

持之以恒的肌肉力量性锻炼，使肌肉个肌糖原、肌球蛋白、肌红蛋白和水分等含量增加。上述这些物质的增加，能提高肌肉的收缩能力，提高酶的活性，促进 ATP 的分解，释放出能量。

肌肉内肌糖原含量增加，表明肌肉内贮氧能力增加，为肌肉收缩用力提供充分的氧气。

（三）肌肉内脂肪减少

骨骼肌表面和肌纤维之间有脂肪存在。脂肪在肌肉收缩时会产生摩擦阻力，也就降低了肌肉的收缩效率。健美锻炼需要消耗大量热能，而肌肉收缩能量来源的最终物质是脂肪和糖（1 克脂肪氧化时可释放 26.3 千焦热能，1 克糖氧化时可释放 17.1 焦热能）。在大运动量健美锻炼的后阶段，随着糖供能的逐步减少，可更多地利用脂肪供能。

经常进行较大强度的健美锻炼，会使腹腔脂肪和皮下脂肪减少（脂肪常积聚于皮下和腹腔，肌肉内的脂肪积聚仅占体重 1%），从而提高肌肉的收缩效率。

（四）肌肉中和肌肉之间结缔组织增厚

力量性锻炼易使结缔组织增厚，这是因肌肉收缩形成的反复牵拉，使肌内膜（包裹肌纤维的膜）、肌束膜（包裹大、小肌束的膜）和肌外膜（包裹肌肉块的膜）的结缔组织增厚；力量性锻炼亦使肌腔、韧带中的胶原纤维增殖而变得结实粗大。肌肉结缔组织增厚，肌腰、韧带增强，极大地提高了肌肉的收缩效率，提高了肌肉、肌腱、韧带的牢固性和抗张强度，为肌肉的

爆发式收缩奠定了坚实的基础。

健美运动的力量性训练，能促进骨骼肌中毛细血管增生，毛细血管网变密。毛细血管数量增多，能改善骨骼肌的氧供应，有利于肌肉收缩的能量供应，有助于增强肌肉力量。

（五）肌肉中的神经支配加强

分布在肌肉中的神经有感觉神经、运动神经和交感神经。感觉神经传递肌肉的收缩紧张和放松拉长的信息到神经中枢（脑和脊髓）；运动神经传递神经中枢发出的指令，支配肌肉收缩或保持一定张力，以维持人体的一定姿态。中枢神经是通过两种方式来调节肌肉工作与发挥力量的。一是动员更多的运动单位参加工作来发挥力量（一个运动神经细胞和它所支配的肌纤维称为一个运动单位）。人体的肌肉大小差别很大，每块肌肉内的运动单位的数量差别也很大。在大肌肉中，一个运动单位支配的肌纤维可多达 2 000 多条。运动生理学研究成果显示，一般人在最大用力时仅能动员约 60% 的运动单位参加工作，而训练水平高的运动员能动员约 80% 以上的运动单位参加工作，显然，所表现的肌肉力量是不同的。二是通过中枢神经增加发放神经冲动的频率来增加肌肉力量。训练水平越高，中枢神经发放的神经冲动频率也高，表现出来的肌肉力量也越大。研究表明，力量性锻炼中负荷强度用最大力量的 80% 以下的肌力活动时，主要靠动员更多的运动单位工作来发挥肌肉力量。负荷强度用最大力量的 80% 以上的肌力活动时，主要靠发放神经冲动的频率来发挥肌肉力量。交感神经分布在肌肉中的血管上，起调节毛细血管开放的作用，实现营养功能，又称营养神经。

第二节　健美运动的基本技术

一、健美运动的基本技术要求

健美运动的基本技术主要包括动作速率、适宜的负荷重量及自身能承受的重复完成的最大重量（repetition maximum，RM）。

（一）动作速率

在健美训练的肌肉力量锻炼中，使用的动作速度不同，锻炼效果也不同。健美锻炼必须强调爆发力。爆发力是肌肉快速收缩时的能力，它取决于肌肉收缩的力量和肌肉收缩的速度。

爆发力＝力量 × 速度

爆发力的锻炼，宜从较小的负荷做快速运动开始，随着训练水平的提高，逐步提高负荷。需要注意的是，完成健美锻炼动作的速度过慢，则不能发展爆发力。

（二）选择适宜的负荷重量

在初始练习阶段，要使健美器械的重量服从于身体能力，而绝不能使身体能力服从于健美器械的重量。因此，要根据每个健美训练者的不同情况，因人而异地安排初始练习的负荷重量。最好选用能完成 8~16 重复次数的健美器械负荷重量，这样经过 5~6 次训练课后，对此负荷重量会变得轻松起来，同时动作技术也会逐步规范正确，在此基础上再开始正式训练。

（三）确定自己的 RM

首先，初级健美训练要知道自己的能力，在练习前先测定各主要部位肌肉群用力动作所能完成的极限重量。如仰卧平直推举动作，用 100 千克重的杠铃只能推举起一次，即这个动作的极限重量等于 100 千克。比如，某个重量只能连续举起 5 次，则该重量就是 5RM 。健美训练的书籍中表述的负荷量的公式，如 8~12RM，意思就是所用器械重量最多只能重复 8~12 次。换句话说，能反复举起 8~12 次的最大重量，就是应选用的重量。通过一段时间的训练，肌肉发生了生理性适应之后，最初的极限重量可能变成了你的练习重量，这时就必须渐增负荷，增大强度，"适应——1——不适应——2——适应——3——不适应训练—4——适应"。

二、健美运动的训练程序

1. 筛选基本动作

基本动作是指一个动作能同时练几个部位或几块肌肉的动作，这种动作能使有关肌肉群协调发展。比如，杠铃仰卧推举动作练习可以使胸大肌、三角肌和肱三头肌都得到训练。

2. 肌肉群训练的顺序

初级健美训练顺序必须根据初级健美训练的特点进行合理安排。中、高级健美训练者通常把胸、背部肌肉练得很发达，却忽视其他部位，尤其是腹部、腿部肌肉的训练。要遵循正确的练习程序，即先练大肌肉群，后练小肌肉群：这是因为大肌肉群力量潜力很大，在做完很多组的练习之后，肌肉群容易消除疲劳。相反的，小肌肉群不易消除疲劳，因此会影响大肌肉群的动作练习。大肌肉群是指胸、背、大腿等部位的肌群。因为，通常在训练这些大肌肉群时，相关的小肌肉群也同时参与活动。而如果一开始就进行小肌肉群的训练，比如肱三头肌的练习，到仰卧推举来训练胸大肌群的练习时，就会出现肱三头肌群已经疲惫无力，而难以协助胸大肌完成推举动作。再比如，初始就做哑铃腕弯举动作练习，前臂肌肉的紧张不易很快消除，因此握力下降，这时如果再做大肌肉群的动作练习，就容易使器械脱手，造成伤害事故。值得注意的是，不论按哪种顺序进行练习，腰腹部肌群和前臂肌群都应放在训练的最后为好。

总之，选择适宜的负荷重量及强度是初级健美训练者首先要解决的问题。要遵循人体生理规律及有关训练原理，增加科学性，以达到事半功倍的效果。

第三节　健美训练中的心理因素

健美运动员进行心理能力训练的作用，主要在于促进运动员心理过程的不断完善，形成健美专项运动所需要的良好个性心理特征，获得较多的心理能量储备，使其心理状态适应健美训练和比赛的要求，提高健美专项运动的水平和战术效果，获得最佳竞技状态，为创造优异运动成绩奠定良好的心理基础。

一、心理因素及其应用

在健美比赛中，运动员的情绪会随着比赛的进程而迅速变化。运动员在比赛中情绪的类型及特点大致可以概括为下面的表现：

健美运动员在竞赛阶段精神饱满，精力充沛，信心十足，力量倍增，渴望在比赛中取胜，充满着增力的积极情绪，这种兴奋情绪是在比赛过程中随着比赛竞争形势的激烈而逐渐发展

起来的。这时健美运动员头脑清醒，判断准确，能够充分控制自己的行动。这种情绪能够激励健美运动员克服一切困难，以最大的努力克敌制胜。

健美比赛竞争情绪的特点，取决于健美竞赛项目的比赛特点。在同场间接对抗的健美比赛项目中，因为不和对手直接交锋，而是使竞争情绪表现在"与自身的竞争上"，努力超过自己的成绩。这种竞争情绪是在健美运动员的自我评价与对手的评价进行比较的过程中产生的，这对健美运动员发挥自己的潜力有良好的作用。

二、心理因素的调节

在比赛中，为了防止健美运动员消极情绪状态的出现，或者在其出现后减缓其程度，心理调节必不可少。主要的心理调节有理性思考、回忆调节法、深呼吸法转移注意力、心理暗示及自我激励等。健美运动员可以选择适合自己的心理调节法。

第四节　健美运动员的选材

从事健美运动，对运动员的身体形态有其特殊的要求。健美运动员的身材特征非常明显，与从事其他运动项目的运动员比较起来，体格健壮，肌肉发达。这样的身材显然牵涉到身高、体重与胸围这三个指标。

一、身高、胸围、体重、体形

1.身高

青少年选材时，身高这一指标不需要过多考虑，因为健美运动员是按体重分组比赛的。轻级别（男子 65~70 公斤，女子 48.01~52 公斤）固然需要体形矮小匀称，而最重的级别（男子 90 公斤以上，女子 57 公斤以上）却需要高大健壮的体形，其余中间级别也各有与其体重相适应的最佳身高比例。只要其他条件优越，适合练习健美。

2. 胸围

胸围影响到躯干和肩带肌肉的体积与力量，以及身体重心的稳定与承受重力负荷的能力。在选材时，应选拔胸围指标相对较大者。从外形看，肩要宽一些，胸廓要适当宽厚，应方肩直胸，平时能保持自然的挺胸直腰姿势。扁平胸、桶形腰、鸡胸、肩部下垂与驼背者均不宜入选。

3. 体重

体重会直接受到身高、胸围及身体各部分围度以及骨骼粗细的影响，不能孤立考虑。而体重的分级为各类体重的人留下了宽范的选择空间。对青少年来说，不宜过多地限制其体重的自然增长，所以，关键应把握住一点. 不要选拔身体肥胖、脂肪太多因而体重较重者，而应选拔肌肉发达而体重却相对较轻者。

4. 体形

按体质和发育情况可以把青少年体形区分为超力型、壮力型和无力型。健美应选拔壮力型的青少年，这种体形的人体格匀称，脂肪较少，肌肉呈条形，强健有力。胸廓发育良好，方肩直胸，肩宽腰细，髋窄则臀小，小腿跟腱明显，体形匀称，协调精干。如果按四肢与躯干的比例来划分，则可分为长型、中型和短型。宜选拔四肢与躯干比例匀称、体形协调的中型来练习健美。膝关节应稍细，臀部稍厚而收紧，腰细髋窄，这样将来可以有更强大的腿部和腹背肌肉力量。上肢不能太

长也不能太短。手稍大，手指尤其是拇指较长，这对增加握力有利。

二、生理机能

健美运动员各器官系统（主要是心血管系统和呼吸系统）应具有良好的机能，并且特别对运动支撑器官有着更高的要求。因此，生理机能是健美选材的重要内容之一。

首先，应要求心血管功能正常良好。安静时心率次数较少，运动后心率恢复较快，收缩压和舒张压的压差较大，这些都表明心脏机能比较好。血红蛋白指标适当高些能有更强的承受运动负荷的能力和恢复能力。

呼吸系统的机能要正常良好，肺活量大，安静时呼吸频率相对较低，运动后恢复要快一些。

消化系统应有正常良好的机能，不挑食，最好是练得动、吃得下、睡得香，这样才能更好地承受未来大负荷的训练。

长年累月、大强度、重力性负荷的训练，要求健美运动员选材时运动支撑器官必须具有良好的机能。首先，骨筋、关节、韧带均应发育良好。X形腿、O形腿、脊柱弯曲、扁平足等均不宜入选，有先天性腰椎突出者不能入选。因为这些都无法承受未来健美训练的巨大重力负荷，当然也不可能达到很高的运动技术水平。为此，在健美选材时最好能拍摄腰脊椎的X光片以进行预先检查。

血红蛋白指标高者往往负荷能力较强，不易疲劳，也不易出现运动性贫血。血睾酮这一同化激素指标的高低与遗传度和肌肉发达程度及力量大小关系非常密切，血睾酮的遗传度男性为78%，女性为91%，应选拔那些天生睾酮指标高者、男性特

征十分明显的、雄性激素水平天然较高的人。各种身体素质是
形态、机能乃至体能在健美运动中的综合表现。健美运动同样
对身体素质的内容和发展水平有着自己的特殊要求。

三、肌纤维类型

健美运动属于力量性项目，白肌纤维占有较大的比例是重
要条件之一。如果有条件可进行活组织检测或无损伤检测，如
果没有条件做直接检测，可通过立定跳远或纵跳这些反映下肢
爆发力的项目来做间接测试，并应重视这一指标。同时要求体
脂含量较低。

四、运动素质

健美训练有很强的特点，但是始终属于运动训练学，遵循
运动训练学的基本原则和规律，重点需要的运动素质有力量、
速度、耐力、柔韧、灵敏、协调。

健美技能选材仍然是必不可少的内容。可以用轻负荷的自
由重量器械要求摆出站（卧）姿推举、弯举、下蹲动作和姿势造
型动作。用观察做出定性的好坏判断，看一看技术动作和造型
动作是否像样，身体各部位比例是否恰当，支撑是否稳固有力，
动作是否协调，接受能力是否较强。

五、心理素质

运动员的心理活动会对其进行的运动项目起着重要的影响、
调节、控制和主导作用。健美运动员也有着明显的心理活动特
征与要求，而且气质、反应、个性、意志等各种心理品质又在
很大程度上受着先天性因素的强烈影响。因此，心理选材是必

不可少的选材内容之一。

神经类型是心理选材的重要内容。健美运动项目负重训练和造型训练采用短时间最大用力的特点决定了对神经兴奋过程强度的要求是很高的。因此，健美运动员的神经类型最好为兴奋——安静的混合型。兴奋型青少年兴奋性高而强烈，勇敢顽强，常能在短时间内表现出很强的运动能力，但是由于兴奋与抑制过程不够均衡，心理稳定性不够，情绪容易波动，有可能在激烈的竞争中影响技术动作的稳定性。安静型青少年沉静稳重，注意力集中，自控能力强，拿捏技术可能稍差，然而一旦掌握却比较牢固。而活泼型青少年性格开朗外向，神经过程灵活性高，模仿能力强，攀捏动作快。在优秀健美运动员中，这三种类型的人均有，但最好还是选择兴奋与安静混合型。

意志品质对健美运动员无疑是十分重要的。健美运动较为单调的长年大负荷艰苦训练，没有勇敢顽强的意志品质是绝对不行的。同时还要求有很强的自信心、好胜心，注意力要集中，要冷静沉着，要有极强的自控能力和自我调节心理状态的能力。当然这些心理品质可通过各方面观察来作出判断，选材时应予以充分考虑，同时也还依靠于日后的长期培养。

动机也是选材应考虑的内容之一，应选拔对健美运动有兴趣的青少年，并应不断培养，逐步升华，使其不仅有兴趣，而且有上进心，有强烈的事业心。

运动员选材不是一次性完成的。必须有 1~2 年的动态观察。要在健美训练的实践中来观察判断所选对象的可训练性到底有多大。为此，必须在训练开始时测试各种形态、机能、素质、心理等指标，并且每隔三个月或半年再测试以进行前后对比，观察进步快慢。这样才能较为准确地选拔出天赋高、可训练性大的青少年作为优秀运动员的后备人才来加以精心的培养。

第三章
人体各部位健美练习动作

健美训练主要指采用杠铃、哑铃、壶铃、拉力器、自身重量及组合力量练习器等多种力量练习器械，再结合人体肌肉解剖特点，进行健美动作练习，使人体各部位肌肉发达健美。

第一节　肩部健美

作为健美评判的标准，无论是男健美运动员，还是女健美运动员都必须具有健美发达而宽阔的双肩。肩部健美评判的关键是宽度的大小，为了塑造一副杰出的双肩，可以通过肩部肌群特别是锁骨末端的三角肌训练，对增加肩部的宽度有明显的作用。

肩部有三束肌肉，分别是三角肌前、中、后三束。每一束肌肉的功能都有所不同，因此，为了使三角肌得到全面的发展，每束肌肉都必须采用专门的训练方法单独训练。另外，也可做一些斜方肌的练习来发展三角肌。

表 3-1 肩部健美的主要动作

动作顺序	1	2	3	4	5	6	7	8	9	10
动作名称	哑铃前平举	杠铃片前平举	杠铃前平举	哑铃侧平举	坐姿哑铃推举	哑铃俯身开肘提拉	哑铃俯身飞鸟	哑铃站姿耸肩	杠铃站姿耸肩	杠铃站姿耸肩

1. 哑铃前平举

作用：主要发展三角肌前束和斜方肌。

动作要领：单手握住哑铃，放在大腿前方，保持手臂稍微弯曲，手掌面对大腿。双臂提高哑铃至与上臂平行或者略高，然后返回。重复进行。

注意：抬头、挺胸、收腹，两眼平视前方，用力呼气，还原吸气。用力 2~4 秒，还原 2~4 秒。

运动方向：由下至上。

图 3-1 哑铃前平举

2. 杠铃片前平举

作用：主要发展三角肌前束和斜方肌。

动作要领：双手握住哑铃片，放在大腿前方，保持手臂稍微弯曲，手掌面对大腿。双臂提高哑铃片至与上臂平行或者略高，然后返回。重复进行。

注意：抬头、挺胸、收腹，两眼平视前方，用力呼气，还原吸气。用力 2~4 秒，还原 2~4 秒。

运动方向：由下至上。

图 3-2　杠铃片前平举

3. 杠铃前平举

作用：主要发展三角肌前束和斜方肌。

动作要领：双手正握闭握杠铃，放在大腿前方，保持手臂稍微弯曲，手掌面对大腿。双臂提高杠铃至与上臂平行或者略高，然后返回。重复进行。

注意：抬头、挺胸、收腹，两眼平视前方，用力呼气，还

原吸气。用力 2~4 秒，还原 2~4 秒。

运动方向：由下至上。

图 3-3　杠铃前平举

4. 哑铃侧平举

作用：主要发展三角肌中束和冈上肌、斜方肌。

图 3-4　哑铃侧平举

动作要领：两脚并拢或稍微分开站立，背部挺直，双臂垂直于身体两侧，双手抓握哑铃，向侧上方平举哑铃至双肩水平，肘部微屈，返回起始位置。用力呼气，还原吸气。用力 2~4 秒，还原 2~4 秒。

注意：抬头、挺胸、收腹，侧举时手臂不要过于抬高，肘部微曲。

运动方向：由下至上。

5. 坐姿哑铃推举

作用：主要发展三角肌、肱三头肌和背部肌群。

动作要领：坐在凳子上保持身体直立，双手抓住哑铃，推起哑铃高过头部。保持手臂稍微弯曲，然后返回。

注意：抬头、挺胸、收腹，背紧靠座椅，用力呼气，还原吸气。用力 2~4 秒，还原 2~4 秒。

运动方向：由下至上。

图 3-5　坐姿哑铃推举

6. 哑铃俯身开肘提拉

作用：主要发展三角肌后束和上背部肌群。

动作要领：俯身前倾，保持背部挺直。双手抓住哑铃，保持手臂略微弯曲，肘部指向两侧。肘部向上弯曲，上拉提高哑

铃位置。保持上臂垂直于身体。返回时，保持手臂稍微弯曲。2~4 秒，还原 2~4 秒。

注意：头部略抬起目视前下方，身体不要过度前倾和后仰。用力 2~4 秒，还原 2~4 秒。

运动方向：出下至上。

图 3-6　哑铃俯身开肘提拉

7. 哑铃俯身飞鸟

作用：主要发展三角肌后束和上背部肌群。

动作要领：俯身前倾，背部伸直，膝盖向前弯曲。双手握住哑铃，保持上臂垂直于身体躯干，平举动作，向两侧提高双臂，直到肘部比肩膀略高。

　　注意：下肢固定，身体不要过度前倾和后仰。用力 2~4 秒，还原 2~4 秒。

　　运动方向：由下至上。

图 3-7　哑铃俯身飞鸟

8. 哑铃站姿耸肩

作用：主要发展斜方肌、肩胛提肌和三角肌。

图 3-8　哑铃站姿耸肩

动作要领：双手握住哑铃，双臂自然下垂，抬头挺胸收腹，斜方肌上束用力上提。

注意：下肢固定，双臂不要发力。用力 2~4 秒，还原 2~4 秒。

运动方向：由下至上。

9. 杠铃站姿耸肩

作用：主要发展斜方肌、肩胛提肌和三角肌。

动作要领：双手握住杠铃，双臂自然下垂，抬头挺胸收腹，斜方肌上束用力上提。

注意：下肢固定住，双臂不要发力。用力 2~4 秒，还原 2~4 秒。

运动方向：由下至上。

图 3-9　杠铃站姿耸肩

10. 站姿提肘上拉

作用：主要发展三角肌前束、后束和斜方肌。

动作要领：抬头挺胸收腹，双手正握杠铃，下肢固定，两手间距略比肩宽，上提至胸部，下放至腹部。

注意：不要过于抬高，双手间距不要过窄。用力 2~4 秒，还原 2~4 秒。

运动方向：由下至上。

图 3-10　站姿提肘上拉

肩部肌肉的拉伸：

（1）目标肌肉：三角肌前束、中束、后束。

（2）拉伸目的：提高肌肉的弹性和伸展性。

（3）动作要点：被拉伸者坐在直板凳上，后背紧贴靠垫，双脚踩实于地面，拉伸者抓住被拉伸者的双手（被拉伸者的手心向前自然放松垂下）缓缓向后上方拉伸。此时被拉伸者的身体可微微向前和拉伸者产生对抗力量。

（4）拉伸形式：静力性拉伸。

（5）拉伸强度：前束有明显牵拉感和微痛感即可。

（6）拉伸时间：保持 30 秒即可。

（7）伸展呼吸：全程保持均匀呼吸。

斜方肌的拉伸：

（1）目标肌肉：斜方肌上束、中下束。

（2）拉伸目的：提高肌肉的弹性和伸展性。

（3）动作要点：（上束）在拉伸斜方肌上束时，被拉伸者坐于直板凳上，后背贴紧靠垫；拉伸者一只手按住被拉伸者的头部，另一只手用手掌把被拉伸者的肩膀往下按，两只手形成对抗的方向，缓缓用力，直到被拉伸者有明显感觉（中下束）。双脚踩实于地面，肩胛骨前伸，头自然前屈，直到斜方肌中下束有明显拉伸感。

（4）拉伸形式：静力性拉伸。

（5）拉伸强度：有明显的牵拉感和微痛感即可。

（6）拉伸时间：保持 30 秒即可。

（7）伸展呼吸：全程保持均匀呼。

头颈拉伸：

步骤 1：颈部向右转动，使下巴与右肩平行。简易坐姿，双腿自然交叉。吸气，慢慢转头至右侧，使下巴与右肩平行，感受颈部左侧得到有效的拉伸。保持呼吸 3~5 次。结束时呼气，头部回到正中位。

注意：肩膀向下放松，转头时保持身体正中，不随着头部而移动。

步骤 2：颈部向左转动，使下巴与左肩平行。简易坐姿，双腿自然交叉。吸气，慢慢转头至左侧，使下巴与左肩平行，感受颈部右侧得到有效的拉伸。保持呼吸 3~5 次。结束时呼气，头部回到正中位。

注意：肩膀向下放松，转头时保持身体正中，不随着头部而移动。

步骤 3：颈部左侧拉伸，使右耳去寻找右肩。简易坐姿，双腿自然交叉。呼气，头部倒向右侧，右耳去寻找右肩，微微收颚。吸气，尝试拉伸左侧颈部同时保持脊椎舒展。保持呼吸数次。结束时吸气，头部回复正中位。

注意：放松肩膀并感受侧颈部的拉伸。

步骤 4：颈部右侧拉伸，使左耳去寻找左肩。简易坐姿，双腿自然交叉。呼气，头部倒向左侧，左耳去寻找左肩，微微收颚。吸气，尝试拉伸右侧颈部同时保持脊椎舒展。保持呼吸数次。结束时吸气，头部回复正中位。

注意：放松肩膀并感受侧颈部的拉伸。

步骤 5：颈部向后拉伸。简易坐姿，双腿自然交叉。吸气，抬下颚并使其指向正上方，向后倾斜头部直到颈部前侧得到充分拉伸。使后脑贴近上背部并放松颈部肌肉。吸气，延长整个颈部。呼气，喉咙放松。保持呼吸 3~5 次。

注意：缓慢呼吸，使气息舒缓地通过鼻腔到达腹部。肩膀向下放松，颈部保持延伸，不要耸肩。头部向后倾斜时，不要压迫后颈部。

步骤 6：颈部向前拉伸。简易坐姿，双腿自然交叉。呼气，低头并向下弯曲颈尽量使下巴触及锁骨。吸气，伸展下脊椎，使背部直立。呼气，释放背部和斜方肌的压力。保持呼吸 3~5 次。结束时吸气，头部回复正中位。

注意：肩膀向下放松，颈部保持延伸，不要耸肩、驼背。

第二节　胸部健美

胸部健美主要是为了增强体格美感，塑造厚实、健美、成

块状并与全身肌肉的发展保持协调一致。练就宽厚的胸部，能让形体健壮优美，使人充满活力。

表 3-2　胸部健美的主要动作

动作顺序	1	2	3	4	5	6
动作名称	哑铃平板卧推	龙门架夹胸	杠铃平板卧推	杠铃上斜卧推	双杠臂屈伸	蝴蝶夹胸机

1.哑铃平板卧推

作用：主要发展胸大肌、肱三头肌和三角肌等。

动作要领：仰卧在平卧推凳上，两脚平踏在地上。两肘弯曲，握住哑铃，拳眼相对，手心朝腿部的方向，哑铃的轴线位于乳头上方。向上推起，两肘内收，夹肘的同时夹胸，两臂慢慢弯曲，哑铃垂直落下，下降至最低处时，即做上推动作。重复。

注意：小臂不要过于发力，下降时手臂自然张开。用力2~4秒，还原2~4秒。

运动方向：由下至上。

图 3-11　哑铃平板卧推

2. 龙门架夹胸

上胸：将两侧把手放置最低，然后手握住把手，掌心朝上同时上拉至平行于胸的位置，还原至大腿两侧。用力 2~4 秒，还原 2~4 秒。

中缝：将两侧把手调至与肩部平行位置，双手握住把手，身体前倾，双臂向胸的中缝夹。用力 2~4 秒，还原 2~4 秒。

下胸：将两侧把手调至最高点，双手握住把手，身体前倾，双臂向胸下方拉。用力 2~4 秒，还原 2~4 秒。

运动方向：由下至上。

图 3-12　龙门架夹胸

3. 杠铃平板卧推

作用：主要发展胸大肌、肱三头肌和三角肌等。

动作要领：仰卧凳上，两腿屈膝，两脚着地，双手正握杠铃，握距稍宽于肩，手臂伸直，头正颈直。吸气后慢慢放下杠铃至胸部。当杠铃靠近乳头上方时，将杠铃推起。

注意：不要过于用手臂力量推起，不要用胸部弹起杠铃。用力 2~4 秒，还原 2~4 秒。

运动方向：由下至上。

图 3-13　杠铃平板卧推

4. 杠铃上斜卧推

作用：主要发展胸大肌外侧、上部，三角肌前束和肱三头肌等肌群。

动作要领：两臂伸直支撑住杠铃位于肩的上部。放下至胸部上方。当横杠接触乳头上方时，即做上推动作，上推时呼气。

注意：注意力集中在胸部，身体不要过于反弓。用力 2~4 秒，还原 2~4 秒。

运动方向：由下至上。

图 3-14　杠铃上斜卧推

5. 双杠臂屈伸

作用：发展胸肌下部、肱三头肌和三角肌等肌群。

动作要领：双手分别握杠，两臂支撑在双杠上，头正挺胸顶肩，躯干、上肢与双杠垂直，屈膝后小腿交叠于两脚的踝关节部位。肘关节慢慢弯曲，同时肩关节伸屈，使身体逐渐下降至最低位置。稍停片刻，两臂用力撑起至还原。

注意：头抬起，伸臂过程中躯干不要发力，感受放在胸上身体微挺胸。用力 2~4 秒，还原 2~4 秒。

运动方向：由下至上。

图 3-15　双杠臂屈伸

6. 蝴蝶夹胸肌

动作要领：调整好座位高度，使把手与肩在同一高度，双臂保持微弯状态，注意双臂不要过度打开，以免伤到肩关节，重量不要太重，内收时停顿 3 秒，充分挤压胸大肌。

图 3-16　蝴蝶夹胸肌

注意：在做动作的过程中，上身一定要保持挺直，不要借助外力去发力，肘关节保持向后和外侧，而不是向上。用力2~4秒，还原2~4秒。

运动方向：由下至上。

胸部的拉伸：

1. 仰卧在桌上，上背下垫一条折叠的毯子，两腿弯曲，上体在桌面边缘悬空，两手在头后交叉。呼气，向地面降低头部和两肩。

备注：保持颈部挺直，两肘张开。此外，如有必要，可以让同伴固定两脚。

2. 坐在椅子上，两手在头后交叉，椅子的顶部在胸部的中部高度。吸气，上体后倾，两臂向后拉伸。

3. 面对椅子或把杆跪立。两前臂在头上交叉，弯曲向前，靠在把杆或椅子上，头部低至平面以下。呼气，头部和胸部下沉。

4. 面对墙角或开着的门站立。两肘抬成倒"T"字形（两肘低于肩），向两侧拉伸胸肌的锁骨部分。呼气，身体前倾。

5. 面对墙角或开着的门站立。两肘抬至肩关节高度，屈肘使前臂向上，两掌放在墙上或门框上，牵伸两侧胸肌的胸骨部分。呼气，身体前倾。

6. 面对墙角或开着的门站立。两肘在两侧抬至肩关节以上成"V"字形，两肘微屈，两掌放在墙上或门框上，牵伸两侧胸肌的肋骨部分。呼气，身体前倾。

7. 坐于地上，下背靠在一个大的瑞士球上，两手在头后交叉，两肘向前。吸气，伸大腿，使臀部抬离地面，滚动球，找到一个平衡的位置。球在两肩胛骨下，腰椎平，膝关节弯曲呈

90 度，两肘张开。

备注：在胸部的上部分和胸腔部分感到牵伸。

8. 坐姿，两臂弯曲，两手在头后交叉；同伴抓住练习者的两肘向后拉使两肘相对。

9. 两腿弯曲仰卧在长凳上，两脚放在长凳的表面。两臂伸直，两手在胸部正上方握住两个轻哑铃。保持两臂微屈，向侧降低哑铃，直到两肘与两肩水平。呼气，还原至开始姿势，使哑铃弧形返回。

备注：也可以直臂完成这项"飞鸟"练习。这项牵伸对肘、肩关节的强度极大。

第三节　臂部健美

手臂健美主要包括上臂和前臂的健美，强壮的手臂让人看起来更结实，更健美。

表 3-3　臂部健美的主要动作

动作顺序	1	2	3	4	5	6	7	8	9	10
动作名称	站姿曲杠弯举	牧师凳弯举	绳索垂式弯举	哑铃臂弯举	仰卧臂屈伸	双杠臂屈伸	哑铃颈后臂屈伸	绳索下压	小臂哑铃弯举	小臂杠铃弯举

1. 站姿曲杠弯举

作用：主要发展肱二头肌和肱桡肌。

动作要领：发力以肘关节为主弯曲手臂带动杠铃运动，直至杠铃接近胸部位置稍作停顿，缓慢卸力下落还原至起始位置，在最低点时不完全放松。

注意：与肩同宽站立，收紧腹部，肩膀后缩下沉；双手与肩同宽握住弯杆弧度位置，上臂贴紧身体。用力 2~4 秒，还原 2~4 秒。

运动方向：由下至上。

图 3-17　站姿曲杠弯举

2. 牧师凳弯举

作用：主要发展肱二头肌及前臂屈肌群。

动作要领：发力以肘关节为主弯曲手臂，直至小臂接近垂直地面；稍作停顿，缓慢卸力还原至起始位置，在最低点时不完全放松。

注意：背部靠实后侧挡板，上臂完全贴在后侧挡板，坐实凳子；双手与肩同宽握住弯杆弧度位置。用力 2~4 秒，还原 2~4 秒。

运动方向：由下至上。

图 3-18　牧师凳弯举

3. 绳索垂式弯举

作用：主要发展肱二头肌及前臂屈肌群。

动作要领：保持上臂固定，发力弯曲手肘将绳索拉起，缓慢卸力还原至起始位置，控制配重片不相撞。

注意：将滑轮能级调至最低，双手对握住绳索，站直身体，靠近龙门架。用力 2~4 秒，还原 2~4 秒。

运动方向：由下至上。

图 3-19　绳索垂式弯举

4. 哑铃臂弯举

作用：主要发展肱二头肌及前臂屈肌群。

图 3-20　哑铃臂弯举

动作要领：上臂稍离身侧，绷紧肩关节、上臂，不要将哑铃下放至最低点。

注意：上臂前侧肌肉发力将哑铃上举、下放，不可直接放松任由哑铃下落。用力 2~4 秒，还原 2~4 秒。

运动方向：由下至上。

5. 仰卧臂屈伸

作用：主要发展肱三头肌及胸大肌。

动作要领：稳定上臂，缓慢让杠铃落向额头位置，小臂与地面约平行；稍作停顿，发力伸直手肘，还原至起始位置。

注意：双脚踩实地面，肩膀后缩下沉，上背部平贴凳面，腰部微微拱起；双手比肩稍窄握住弯杆最中间弧度位置，手肘朝前。用力 2~4 秒，还原 2~4 秒。

运动方向：由下至上。

图 3-21　仰卧臂屈伸

6. 双杠臂屈伸

作用：主要发展肱三头肌及胸大肌。

动作要领：双手分别握杠，两臂支撑在双杠上，头正，挺胸顶肩，躯干、上肢与双杠垂直，屈膝后小腿交叠于两脚的踝关节部位。肘关节慢慢弯曲，同时肩关节伸屈，使身体逐渐下降至最低位置。稍停片刻，两臂用力撑起至还原。

注意：头抬起，上升过程中躯干不要发力，感受放在手臂上。用力 2~4 秒，还原 2~4 秒。

运动方向：由下至上。

7. 哑铃颈后臂屈伸

作用：主要发展肱三头肌。

动作要领：挺胸，上臂垂直于地面，将两只哑铃在颈后并拢，形成一个整体，利用手臂后侧肌肉发力将哑铃上举

注意：大臂不要过于张开，控制哑铃与身体平行上下移动。用力 2~4 秒，还原 2~4 秒。

运动方向：由下至上。

图 3-22　哑铃颈后臂屈伸

8. 绳索下压

作用：主要发展肱三头肌。

动作要领：上臂后侧主动发力，向下向外伸直肘关节；至最底部，保持 1 秒，上臂不动，缓慢卸力弯曲手肘，还原至起始位置，控制配重片不相撞。

注意：将滑轮调至最高；微微屈膝屈髋，绷紧肩部，握住滑绳；向前微微俯身，直至滑绳与上半身接近平行。用力 2~4 秒，还原 2~4 秒。

运动方向：由上至下。

图 3-23　绳索下压

9. 小臂哑铃弯举

作用：主要发展前臂屈伸肌群。

动作要领：抬头挺胸收腹，双手正握住哑铃，大臂自然放松，手腕屈伸，靠小臂肌群发力。

注意：大臂不要过于用力，重量不宜过大，以免手腕受伤。用力 2~4 秒，还原 2~4 秒。

运动方向：由下至上。

图 3-24   小臂哑铃弯举

10. 小臂杠铃弯举

作用：主要发展前臂屈伸肌群。

动作要领：抬头挺胸收腹，双手正握住杠铃，大臂自然放松，手腕屈伸，靠小臂肌群发。

注意：大臂不要过于用力，重量不宜过大，以免手腕受伤。用力 2~4 秒，还原 2~4 秒。

运动方向：由下至上。

图 3-25　小臂杠铃弯举

肱三头肌

步骤 1：牵伸者垂直站立，背、颈部伸直，也可以取坐位完成。

步骤 2：右侧肩、肘关节屈曲，尽力触摸右肩胛骨。上臂尽可能地靠近耳朵，肱骨的后面指向前方，而不要翻向外侧。这样可以最大限度地拉长肱三头肌。

步骤 3：牵伸者可以用左手抓住右侧肘部，为右侧肱三头肌等长收缩提供阻力，保持颈部竖直，持续等长收缩6秒钟后，正常呼吸。

步骤4：等长收缩后，放松，深呼吸。呼气时，手触摸背部下方更远处，进一步拉长肱三头肌。练习时要保持背部伸直，才能达到最佳效果。

注意：注意控制力度，配合呼吸，保持住，慢慢还原初始位置。

肱二头肌

步骤1：牵伸者利用一个水平面，例如栏杆、舞蹈把杆或是椅子的后背，也可以将门关上用门把手练习。牵伸者站立（或单腿跪地），上臂伸直，掌心向内，使上臂尽可能远地伸向后方，保持躯体直立。将伸展的上臂放松在水平面上或者抓住门把手。

步骤2：从起始姿势开始，手向下压（即屈肩、屈肘），肱二头肌等长收缩。

步骤3：等长收缩之后，上臂伸向背后更远处。为了完成这一牵伸练习，可能需要采用半跪到合适的姿势。

注意：注意控制力度，配合呼吸，保持住，慢慢还原初始位置。

第四节　背部健美

背部健美主要是充分发展背阔肌、竖脊肌、大圆肌、斜方肌和髂腰肌等背部、腰部肌群，以形成宽阔厚实而又健美的超级倒三角体——"V"字形。在背部健美时，对背阔肌下部肌肉的训练应严格控制。如这部分肌肉训练太多，或做太多的侧弯腰练习，肌肉过于发达，会削弱"V"字形，有损于完美的

体格。

表 3-4 背部健美的主要动作

动作顺序	1	2	3	4	5	6	7	8
动作名称	引体向上	杠铃俯身划船（正握）	杠铃俯身划船（反握）	坐姿绳索划船	坐姿器械高位下拉	侧单臂俯身划船	直腿硬拉	山羊挺身

1. 引体向上

作用：主要发展背阔肌、冈下肌、大圆肌、肱二头肌等肌群。

动作要领：双手正握杠杆，间距略比肩宽，手肘向外打开，拉起时想象手肘垂直向下发力，腰腹、臀部、双腿始终绷紧，不可放松。

图 3-26 引体向上

注意：下落时不要完全下到底，保持肩部、背部始终发力。用力 2~4 秒，还原 2~4 秒。

运动方向：由下至上。

2. 杠铃俯身划船（正握）

作用：主要发展背阔肌、斜方肌及三角肌后束。

动作要领：双手正握闭握杠铃，膝部弯曲，用力时，背部用力，肩胛骨后缩，将杠铃拉向腹部；在最高点保持 1 秒，缓慢卸力还原至起始位置，不完全放松。

注意：比肩稍宽掌心朝后握住杠铃；双脚与肩同宽站立，下背部挺直，腰腹收紧，向前俯身至与地面夹角 20 度左右；肩膀微微前引，用力 2~4 秒，还原 2~4 秒。

运动方向：由下至上。

图 3-27　杠铃俯身划船（正握）

3. 杠铃俯身划船（反握）

作用：主要发展背阔肌、斜方肌及三角肌后束。

动作要领：双手反握闭握杠铃，膝部弯曲，用力时，背部用力，肩胛骨后缩，将杠铃拉向腹部；在最高点保持1秒，缓慢卸力还原至起始位置，不完全放松。

注意：比肩稍宽掌心朝后握住杠铃；与肩同宽站立，下背部挺直，腰腹收紧，向前俯身至与地面夹角20度左右；肩膀微微前引。用力2~4秒，还原2~4秒。

运动方向：由下至上。

图 3-28　杠铃俯身划船（反握）

4. 坐姿绳索划船

作用：主要发展背阔肌和三角肌后束。

动作要领：发力将手柄拉至腹部位置，肩胛骨主动后缩夹紧；在顶部保持1秒，缓慢还原至起始位置，肩胛骨微微前引，控制配重片不相撞。

注意：选择对握手柄；收紧腰腹，挺直背部，膝盖微曲，固定腿部，对握住手柄；肩胛骨微微前引。用力2~4秒，还原

2~4 秒。

运动方向：由前至后。

图 3-29　坐姿绳索划船

5. 坐姿器械高位下拉

作用：主要发展背阔肌、三角肌后束及肱二头肌等肌群。

动作要领：身体稳定不前后摆动，肩膀下沉，背部发力带动上臂靠向身体两侧，将杆拉至锁骨位置；保持 1 秒，缓慢上放还原，在最高点时仍然发力控制。

注意：调整重量，固定器固定双腿，收紧腹部，挺直腰背部，身体微微向后仰；双手 1.5 倍肩宽距离，掌心朝前握住杆，

肩膀稍向上送。用力 2~4 秒，还原 2~4 秒。

运动方向：由上至下。

图 3-30　坐姿器械高位下拉

6. 单臂俯身划船

作用：主要发展背阔肌、斜方肌及三角肌后束。

动作要领：背部发力收起肩部带起哑铃，直至肘部略高于背部所在平面；保持 1 秒，缓慢卸力还原至起始位置，在最低点不完全放松。

注意：右侧手脚支撑在凳上，左侧脚斜后方向踩实地面，背部保持平直；左侧肩部前引，握住哑铃，用力 2~4 秒，还原 2~4 秒。

运动方向：由下至上。

图 3-31　单臂俯身划船

7. 直腿硬拉

作用：主要发展骶棘肌、臀大肌。

动作要领：脚后跟蹬地带动拉起杠铃，杠铃过膝后收紧臀部站直身体，杠铃贴着大、小腿运动；拉起后，肩胛骨后缩，夹紧臀部，保持背部挺直，顺势下蹲将杠铃落至地面。

注意：双脚与肩同宽，杠铃贴近小腿前侧；肩部下沉向后收紧，下背部绷紧挺直，手肘窝贴近膝盖，双肩位于杠铃正上方。用力 2~4 秒，还原 2~4 秒。

运动方向：由下至上。

图 3-32　直腿硬拉

8. 山羊挺身

作用：主要发展骶棘肌等腰部肌群。

动作要领：保持下背部挺直的情况下，上半身缓慢俯身至与地面平行位置。

还原：下背部发力还原至起始位置，在最高点保持 1 秒。

注意：双脚踩实踏板，脚后跟固定；调整挡板位置，使其位于骨盆位置不压迫腹部；双手交叉在胸前，上半身保持挺直。用力 2~4 秒，还原 2~4 秒。

运动方向：由下至上。

图 3-33　山羊挺身

拉伸计划（背阔肌、竖脊肌、三角肌、斜方肌）

背阔肌：

（1）目标肌肉：背阔肌。

（2）拉伸目的：提高肌肉的弹性和伸展性。

（3）动作要点：找一个固定物，双手抓住固定物，双腿踩实于地面，下肢不动，上半身慢慢往前下方运动，直到感觉背部完全伸展开为止。

（4）拉伸形式：静力性拉伸。

（5）拉伸强度：明显感到背部有牵拉感、微痛感即可。

（6）拉伸时间：保持 30 秒即可。

（7）伸展呼吸：全程保持均匀呼吸。

竖脊肌：

（1）目标肌肉：竖脊肌。

（2）拉伸目的：提高肌肉的弹性和伸展性。

（3）动作要点：俯卧于瑜伽垫，身体蜷缩成拱形，感到竖脊肌明显拉伸。

（4）拉伸形式：静力性拉伸。

（5）拉伸强度：明显感到背部有牵拉感，微痛感即可。

（6）拉伸时间：保持30秒即可。

（7）伸展呼吸：全程保持均匀呼吸。

第五节　腿部健美

　　腿部健美的主要目标是充分发展腿部肌肉，练出清晰发达、棱廓分明的肌肉线条。腿部健美主要包括大腿和小腿的健美，在训练时，应注意大腿和小腿的比例，应协调发展。

表3-5　腿部健美的主要动作

训练顺序	1	2	3	4	5	6	7	8
动作名称	坐姿腿屈伸	直腿硬拉	斯密斯站姿负重提踵	深蹲	腿弯举	坐姿双腿提踵	下蹲	站姿腿后摆

1. 坐姿腿屈伸

作用：主要发展股四头肌。

动作要领：勾起脚尖，大腿前侧发力将膝关节伸直，在最高点保持1秒，缓慢卸力还原至起始位置，控制配重片不相撞。

注意：调整重量，调整座椅位置和挡板角度；背部贴紧靠背坐于器械上，双手握住两侧把手，用力 2~4 秒，还原 2~4 秒。

运动方向：由下至上。

图 3-34　坐姿腿屈伸

2. 直腿硬拉

作用：主要发展股四头肌及臀大肌。

动作要领：两脚开立，比肩稍狭。微微屈膝（注意"直腿硬拉"中的"直腿"的意思并不是挺直，而是相对于"屈腿硬拉"而言比较直的腿。做硬拉和其他大重量动作的"站直"大多都是稍微屈膝，这样才能保护好腰椎和膝关节），向前屈体，

同时注意整个动作都要腰背挺直。两手用正、反握握杠，握距稍宽于肩。勿低头。

注意：收缩下背部肌肉，把上体向上向后挺起，两肩尽量后移。最后，尽力收缩骶棘肌，静止1秒钟，再慢慢屈体向前，直到感觉腰背无法再向下方。如欲加大后背部的屈伸幅度来加大锻炼效果，两脚放在垫木上，杠铃放在地上。用力2~4秒，还原2~4秒。

运动方向：由下至上。

图3-35　直腿硬拉

3. 斯密斯站姿负重提踵

作用：主要发展小腿三头肌。

动作要领：史密斯机上，双手掌心朝前握杠宽于肩，杠铃置于肩后，收腹，紧腰，挺胸身体直立，膝关节伸直。接着吸气，尽可能地向上提踵，稍停 3~4 秒钟。然后吸气，缓慢还原，重复练习。

注意：完成动作时不要屈膝，屈体，控制重心不要有意前移，否则效果极差，可在前脚掌垫一块杠铃片防治重心前移。用力 2~4 秒，还原 2~4 秒。

运动方向：由下至上。

4. 深蹲

作用：主要发展股四头肌及臀大肌。

图 3-36　深蹲

动作要领：双脚比肩稍宽站立，脚尖稍微冲外下蹲，保持腰背挺直，缓慢蹲下至大腿略低于膝盖位置，膝盖朝向脚尖方

向，腹部收紧。蹲起：全脚掌发力蹬地，收紧臀部，带动蹲起。
回杠：完成最后一次动作后，将杠铃还原至深蹲架上。

　　注意：肩膀后缩，将杠铃置于斜方肌中上部，收紧腹部；吸气憋住，腿、臀部发力将杠铃顶起，站至合适位置，调整呼吸。用力 2~4 秒，还原 2~4 秒。

　　运动方向：由下至上。

　　5. 腿弯举

　　作用：主要发展股四头肌。

图 3-37　腿弯举

动作要领：勾起脚尖，大腿后侧发力将膝关节弯曲，在最高点保持1秒，缓慢卸力还原至起始位置，控制配重片不相撞。

注意：调整重量和挡板角度；坐于器械上，身体贴实；肘关节支撑，双手握住两侧把手。用力2~4秒，还原2~4秒。

运动方向：由下至上。

6. 坐姿双腿提踵

作用：主要发展小腿三头肌。

动作要领：坐在直板凳上，脚尖自然朝前，膝关节对准脚尖，将杠铃放置于大腿前侧，尽力抬起脚后跟。

图3-38　坐姿双腿提踵

注意：下放时脚后跟不要贴地面，慢慢地进行可控制运动，避免强力运动，还原时动作也要缓慢。用力2~4秒，还原2~4秒。

运动方向：由下至上。

7. 站姿腿后摆

作用：主要发展股二头肌及臀部肌群。

动作要领：两环相扣，一头是腿，一头是器材。双手扶着器材，腿部向后摆。向后摆时，利用的是髋部后伸的力量，摆动不用太过靠后。摆动全程，腿部保持伸直状态。

注意：脊柱保持稳定。臀大肌感觉紧张收缩。后摆时呼气，收回时吸气。用力 2~4 秒，还原 2~4 秒。

运动方向：由下至上。

图 3-39　站姿腿后摆

拉伸大腿前侧：

拉伸腿向后弯曲，脚底指向天空，收抓住拉伸腿的脚踝处，将脚跟拉向臀部，膝盖指向地面，并与支撑腿的膝盖靠拢。手可以拉伸辅助物，或侧平举以保持平衡。被拉伸大腿前侧应有的酸胀感。保持 15 秒以上，交换。注意始终保持呼吸。

拉伸大腿外侧：

半下蹲，拉伸腿横向搁在支撑腿上，膝盖走向地面。上身前倾保持平衡，手可以拉住辅助物，或是自然下垂。被拉伸大腿外侧应有酸胀感。保持 15 秒以上，交换。注意始终保持呼吸。

大腿内侧：

可以选择栏杆等物体做辅助。身体贴紧辅助物，拉伸腿往身体一侧斜架于辅助物体上，大腿内侧指向地面。支撑腿保持以放松状态。如需加深，上身可往拉伸腿方向略平移，将拉伸腿推往更远处。被拉伸的大腿内侧应有酸胀感。保持 15 秒以上，交换。注意始终保持呼吸

小腿后侧：

如果没有台阶类物体可以借助，也可以用固定的栏杆等辅助。拉伸腿脚掌竖立，脚跟着地，前脚掌支于辅助物体上，拉伸腿自然落地保持身体平衡，手可以将身体拉向辅助物体。被拉伸小腿后侧应有酸胀感。保持 15 秒以上，交换。注意始终保持呼吸。

拉伸大腿后侧：

可以借助栏状物做辅助。拉伸腿脚搁在辅助物上，膝盖尽量保持平直。上身前倾靠近腿部，手可以拉住栏杆辅助用力。保持几个呼吸节拍后可加深上身前倾度，前倾用力时吐气，直到最大承受度。支撑腿始终保持放松。被拉伸大腿后侧应有的酸胀感。保持 15 秒以上，交换。注意始终保持呼吸。

第六节   腹部健美

腹部健美的主要目标是练出清晰的"人鱼线"或"马甲线"，腹肌的训练和其他部位肌肉的训练方法有所不同，练习次数较多，一般 15~25 次 / 组。腹肌练习间歇时间要短，组与组之间间歇时间一般为十几秒。

表 3-6　腹部健美的主要动作

训练顺序	1	2	3	4	5	6
动作名称	蜷腹	"V"字支撑转体	"V"字对抗支撑	俯卧提膝	仰卧交替抬腿	腹部拉伸

1.蜷腹

动作：主要发展腹直肌上腹部肌群。

动作要领：手置于腹部或者胸前，缓慢蜷起上半身，不可用手臂借力带起身体，蜷腹时手竖直上举。

注意：下背部始终用力贴紧地面，速度放慢。

运动方向：由下至上。

图 3-40　蜷腹

2. "V" 字支撑转体

作用：主要发展腹内、腹外斜肌。

动作要领：收紧腰腹部，始终挺直，转动双肩将手伸出，转动骨盆将腿收回

注意：不要坐太高，后仰时的幅度要大。

运动方向：先由左至右，再由右至左。

图 3-41　"V" 字支撑转体

3. "V" 字对抗支撑

作用：主要发展腹直肌。

动作要领：绷紧腹部，双手与膝盖用力对抗，背部挺直。

该动作也可以坐在椅子上进行，只要脚离地，双手与膝盖互相对抗即可。

注意：不要坐太高，收腹稳定身体，手与膝盖用力对抗。

运动方向：由下至上。

图3-42 "V"字对抗支撑

4.卧提膝

作用：主要发展腹直肌下部肌群。

动作要领：腹肌发力将腿向前提起，拱起下背部。

注意：不要猛蹬腿，收腹注意发力集中在腹部，挤压腹肌。

运动方向：由下至上。

5.卧交替抬腿

作用：主要发展腹直肌下部肌群。

动作要领：肩部稍抬离地面，双手在胸前用力或垫于腰下做支撑。下背部用力贴紧地面，双腿伸直，勾起脚尖。

注意：腹部发力收缩，动作要慢，勾起脚尖。

运动方向：由下至上。

图 3-43 卧交替抬腿

6. 拉伸

动作要领：腿部完全贴紧地面，手将身体撑起用力拉伸腹部，下巴上扬，挺胸。

数量控制：很多人在锻炼的时候，没有数量的控制，只是一味地锻炼，没有很好地计划辅助锻炼。这样是不科学的。在锻炼的时候，一定要制订一个好的健身计划，照着健身计划锻炼，可以最有效的锻炼身体，也可以最大限度地节约时间，而且能最快地锻炼出腹肌。

力量控制：练腹肌时，应在一组动作中保持腹肌持续紧张，

无论是在动作的开头还是结束，都不要松弛。把每一组动作做到力竭，期间不要计算次数，要持续不断地做，直到再也不能收缩腹肌为止。

有氧训练：有氧训练是腹肌训练的必要补充。从每次 45 分钟开始，每周做 4 次。以自己的体能状态为向导，决定是否增加时间到 60 分钟。

第四章

健美教学

第一节　健美教学的任务和特点

一、健美教学的任务

健美教学是教师有目的、有计划地指导学生自觉积极地掌握健美知识、技术、技能，并在此基础上发展认识能力，达到增强体质、健美体形体态和提高健美运动成绩，培养优良品质的过程。其任务是：

1.明确健美训练的目的和意义，掌握健美理论知识。

2.掌握健美运动的知识技能及训练方法，培养自觉健美训练的习惯和意识。

3.增强体质，促进健康，改变体形体态，陶冶情操，促进

身心全面发展。

4.教学过程中，强化思想教育．培养遵守纪律、热爱集体，团结互助，刻苦训练，克服困难等品质，树立良好的体育作风。

二、健美教学的特点

健美运动顾名思义，就是既要求"健"，也要求"美"。健美训练的内容和方法、练习动作及手段，以及健美竞赛的内容与评分标准等，都充分体现了"健""美"的特点。这就要求健美训练者要着重修塑整体的匀称、协调、优美，强化语言美、行为美、心灵美的修养，吸收美的真谛，真正把健美运动和美育融合在一起。

第二节　健美教学的阶段

一个完整的健美动作技能的形成，包括三个阶段：初步掌握技术阶段，形成和改进技术阶段、巩固提高技能阶段。

一、初步掌握技术阶段

这一阶段教师主要通过讲解各个肌群主要训练动作的要领，并示范，学生模仿练习，使学生在脑子里形成一定的动作表象。

二、形成和改进技术阶段

学生在初步掌握健美技术后，可以增加一定的负荷或轻重量负荷反复进行练习。教师应引导学生积极思考肌肉的物理特性和生理特性，学会肌肉的收缩和放松。这一阶段的任务主要是消除多余动作、纠正错误动作，让动作变得连贯和准确。

三、巩固提高阶段

在学生能够准确掌握动作后，应根据学生的身心发展进程，制订相应的训练计划，让学生进行反复练习，还应鼓励学生根据肌肉的功能设计练习动作。另外，还可以举行健美比赛，让学生在比赛中获得更多的健美知识。

第三节　健美教学的原则与方法

一、健美教学的原则

健美教学原则是指对健美教学规律的反映，它是对教学经验的长期总结和概括，同时也是健美工作者必须遵循的准则。

（一）教师引导与学生主动相结合的原则

在健美教学中，是一个教师教学生学的过程，教和学是健美教学的统一整体，只有发挥教学者和学习者双方的积极性，才能更好地完成健美教学。首先教师应充分发挥自身在实践中所获得的经验、感受，并结合相应的教学方法进行教学，使学生更快地掌握健美知识和技能。其次教学要发展学生的积极性，在教学中培养学生对健美运动的爱好，挖掘学生的个性和潜力，提高学生的自信心，从而使学生积极主动地参与到健美教学中，才能更好地完成健美运动的教学任务。

（二）循序渐进原则

循序渐进原则指人体适应外界环境的基本规律。人体对环境的适应是一个缓慢的由量变到质变的过程，健美训练也是如

此。长时间没有参加过体育运动的人，当你决定参加健美训练时，必须遵循人体生理机能基本活动规律，应根据自己的身体健康、体形、水平、能力、工作的性质和时间等情况，合理设计和选择健美训练计划，安排训练内容，经过一段时期的训练，待身体逐步适应（即各个组织器官功能逐渐提高）之后，再逐步增加训练的内容、方法和运动量。如不根据自己的实际情况，盲目地追求大运动量，突然加大练习重量，身体就不能很好地适应，甚至导致伤病，也就不可能使体形达到健美的目的。因此，在健美训练过程中，必须遵循练习动作由易到难，训练方法由简到繁，器械的重量由轻到重，练习动作的次数和组数由少到多，训练的强度密度从小到大，训练的时间由短到长，训练的运动量由小到大的原则，这样才能使肌肉、韧带、关节等各器官对于新的刺激有个适应过程，也能有效地避免受伤，从而不断地提高和达到健美训练的水平和效果。

（三）区别对待原则

健美运动训练的区别对待原则，是指健身训练者应根据主客观的需要和条件，有针对性地进行健美训练。即从个人的学习、工作、生活的需要出发，根据自己的年龄、性别、健康状况、兴趣爱好、传统习惯、职业特点、作息制度、自然条件、可用的健美器材、设备和场地等因素. 系统综合考虑，确定健美训练目标，制订健美训练计划或运动处方，选择针对性强而有效的健美训练的项目、内容、方法、训练负荷来进行健身健美，以求达到增强体质、健益身心、延年益寿的良好效果。

（四）全面均衡发展原则

健美运动训练的全面均衡发展原则，是指健美训练者要从人体的整体出发，全面训练和发展身体的各个部位、各器官系统的机能、各种身体素质与基本活动能力，只有全面训练，才能多方受益。在健美训练中，有些健美训练者往往只注意胸部或肩部肌肉的训练，忽视下肢尤其是小腿肌肉的训练，使人显得头重脚轻；有些人只注重训练下肢肌肉，而忽视训练上肢肌肉，造成体形上细下粗；有些人只注重训练大肌肉群，而忽视训练小肌肉群，使全身肌肉不匀称；有些人只注重训练四肢肌肉群，而忽视训练躯干肌肉群，造成体形不和谐；有些人只注重训练肌肉力量，而忽视训练柔韧、速度与耐力，使肌肉僵硬、动作不协调；有些人只注重身体外部各肌肉群的训练，而缺乏对内脏心血管系统的训练等等。长期不注意全面均衡发展，不利于人体的健美，还容易引起身体的畸形。所以，健美训练必须采取全面均衡发展原则。

（五）持之以恒原则

健美运动训练的持之以恒原则，是指健美训练者根据自己所确定的近期和远期的训练目标，有计划持续不断地参加健美训练。"光看不练学不会，光练不学练不好"，学学练练，练练学学，反复经常参加训练，才能不断提高训练水平。

上述原则是相互联系、互为依存的整体，应全面贯彻这几项原则。在处理各种实际问题时，各项原则各有其突出的指导意义。它们反映了人体体质增强过程中物质代谢的异化过程和同化过程，也是身体训练过程和体力恢复过程的反映。

二、健美教学的方法

健美教学的方法是指在健美教学中，根据健身的任务、内

容和目的所采用的手段与方法，也是健美教学者将其掌握的健美理论、技能和组织方法在教学中的具体表现。

（一）手势提示法

手势是身体语言的一种，它是在健美教学课程中，健美教师运用各种手势指导学员完成练习的方法。其特点是直观、简单、明了，有利于学员连贯完成动作。手势提示法主要运用于健美动作的复习及巩固阶段。通过手势引导，提示学员按顺序、力向、要点完成动作，保证学员能将健美动作连贯、完整地完成。

（二）讲解与示范法

讲解是教师向学员说明或论证原理、概念，进行逻辑推理，使学员形成科学的概念。在技术教学中，则要说明所学动作的名称、要领与教法，着重揭示完成动作的关键及原理。示范是动作的典范，是最生动、最逼真的直观教学，可使学员建立正确的动作表象和概念，引起学员学习动作的欲望，激发学员的积极性。

讲解与示范是健美教学方法中普遍采用的最有效的教学方法。正确而优美的动作示范，可以激发学员的练习兴趣，引导学员自觉积极地进行模仿练习。讲解则可配合示范加强动作概念的建立，提高教学效果。

（三）口令提示法

在健美动作教学中，恰当地运用口令指挥练习或强化练习，有利于学员正确掌握动作、速度、节奏和用力强度等。在教学过程中，通常采用的口令有数字、单字或短词。另外，为了使学员更好地完成练习、活跃课堂气氛，在健美动作教学的过程中，还可以加入一些调动性、指示性和警告性口令的方法。常用的调动性口令有"用力""加油"等；指示性口令有"一上""二下"等；警告性口令包括"伸直""绷紧""停顿"等。

（四）完整与分解法

完整法是指把健美运动单个动作或成套动作完整地教学。即从动作开始直到动作结束不分部分或段落完整地教学，给学员建立完整的动作概念。健美训练中，用杠铃、哑铃等器械所做的动作，大多数是属于单关节的或身体局部的活动，技术不复杂，简单易学，故多以完整为主进行教学。即通过整个动作的示范、讲解、练习来完成该动作的教学。

分解法是把一个结构复杂的健美动作，按身体环节合理地分解成几个局部动作分别进行教学，以实现完整动作的练习目的；或把整套健身操先分节进行教学，再逐步串联成套的教学方法。分解法可用于单个复杂动作，也可以用于联合或成套动作教学。采用分解教学时，最后还应用完整法来教学。在健美运动教学中，对徒手、轻器械及自由重量器械健美动作或健身操，以分解——完整的教学法为主进行教学。

（五）直观教学法

为了保证健美教学的顺利进行，教师必须强调正确的健美动作技术要领。可采用语言直观（生动地讲解、提示动作节奏或用简练的语句评定动作和纠正错误）和形象直观（示范、展示图片、录像、照镜子）的教学方法，使学员通过反复练习，自我检查练习和阶段性测验等手段使每个健美技术动作达到正确

的动作要领。

（六）动作变换教学法

健美运动动作种类繁多，用途各异，教学中应根据教学任务和教学对象的条件有针对性地选择有效的练习方法．即同一动作，由于变换不同的握法（正握、反握、对握、正反握等），变换不同的握距（窄握、中握、宽握），变换不同的体位（立、坐、仰卧、俯卧、侧卧、斜卧），变换不同的器械位置（胸前、颈后、膝下、膝上、胯下），变换不同的速度（快、中、慢）来进行，都会产生不同的教学效果与学习效果。

（七）肌肉张弛教学法

肌肉张弛教学法的目的是让学员学会肌肉的收缩与放松，收缩时要达到最大的围度，放松时能恢复到自然状态。首先要学会肌肉收缩，这是控制肌肉的第一步。练习时可先从某一块肌肉练习起，如上臂肱二头肌，收缩才使其达到非常坚硬的程度。然后进行双侧肌肉收缩或局部肌肉收缩，最后学会全身肌肉收缩。第二步，学会肌肉放松，从某种意义上讲，"健美练习中，放松和恢复比训练更为重要"。不会放松肌肉，也就不能更好地收缩肌肉，休息和整理活动是最好的放松肌肉手段。因此，在练习中间隔时间要充分放松肌肉。目前运用心理训练的方法使全身肌肉得到充分的松弛，效果也很好。第三步，要学会肌肉紧张与放松的交替，也就是让肌肉群做到"软如棉花，硬如钢"，通过肌肉群的张弛练习，使肌肉富有弹性，收缩时达到肌肉饱满凸起，放松时要做到圆滑柔软，进而加大肌肉群的围度差。一名优秀健美运动员的上臂围度在紧张和放松时，围差可达5厘米以上。

第四节　健美教学的实施

健美教学的实施主要包括制订健美教学工作计划、健美教学的组织、考核、检查与评定。

一、健美教学的工作计划

健美教学工作计划可以使教学工作得到科学和合理的安排，是长期教学目标与阶段教学目标的有机统一。在制订健美教学工作计划时，需要系统而均衡地分配各项工作，做到"在一般中突出特殊，在特殊中突出一般"。健美教学工作计划包括教学大纲、教学进度和教案的制订。

（一）健美教学大纲的制定

健美教学大纲主要包括具体教学时数、内容和考核办法的文件。它是健美教学中的法定性文件。

1. 课程定义

健美运动是学生利用杠铃、哑铃以及健身器械，给予身体各个部位肌肉适当的刺激以发展肌肉、健美形体、增长体力与力量、减少皮下脂肪、增进健康、增强体质的体育运动项目。

2. 编写依据

根据 ××××年《××学院运动训练专业本科培养方案》要求和目标，围绕学院"以体为主，体医渗透，体文结合，培养一专多能应用型人才"的办学特色为宗旨，结合全国体育学院《健美》通用教材为基本纲要，和运动训练专业学生的专业结构进行编写。

3. 目的任务

通过36学时的健美学习，使学生基本掌握器械健美练习的基本技术、理论、方法，培养成为从事器械健身指导员，达到三级裁判员标准，具备基础健美组织、竞赛工作能力。

4. 课程编码及适应专业

课程编码：

《健美》教学大纲适用于专业选修课。

5. 学时数与学分

本课程总学时数36学时，2学分，第3学期授课。

6. 教学内容与学时分配

（1）总学时教学内容与学时分配

表 4-1　总学时教学内容与学时分配

内容	理论	技术	考核	合计
学时	4	28	4	36

（2）理论课教学安排与学时分配

表 4-2　理论课教学安排与学时分配

教学内容	教学时数
健美运动概述	1
发达人体各肌肉群的锻炼动作	1
健美运动教学、竞赛组织和裁判法（竞技健美）	2
合　　计	4

（3）技术课教学安排与学时分配

表 4-3　技术课教学安排与学时分配

教学内容	教学时数
发达人体各肌肉群的锻炼动作	26
健美规定动作练习	1
健美自选动作练习（竞技健美）	1
合　　计	28

（4）考核学时分配

表 4-4　考核学时分配

内容	技术考核	理论考核	合计
学时	2	2	4

7. 教学内容纲要

（1）理论课

第一章　健美运动概述

知识点：健美运动的特点、作用，人体健美的标准。

第二章　人体肌肉群的锻炼方法

知识点：各个部分肌肉的训练方法和一些基本要点。

第三章　健美教学法

知识点：介绍健美教学的一些基本方法以及如何编写健美教学文件的基本要点。

第四章　健美训练法

知识点：介绍健美训练的一些基本方法和训练计划的编排。

第五章　竞赛组织和裁判法

知识点：介绍健美竞赛的竞赛方法和组织。

（2）技术课

发达全身肌肉练习教学内容中的技术点：

①学习发达身体各部分肌肉的练习动作及方法并提高专项水平。

②发达身体各部分肌肉的练习动作（略）。

③发达身体各部分肌肉的练习方法（略）。

自选动作教学内容和规定动作教学内容中的技术点：

①健美规定动作（男子 7 个、女子 5 个）。

②混双规定动作（5 个）。

③自选动作（典型示例）。

8. 考核

（1）考核的形式

成绩的评定采用百分制。综合成绩评定达到 60 分为及格。其中：理论考核占 30%，技术考核占 30%，规定动作占 10%，平时成绩占 30%。

（2）考试内容

理论考试以练习技术作为考试的重要内容，抽答 2~3 个问题，占 30%。技术考试采用抽题完成技术考核。包括技术考核和规定动作，总的占 40%。平时成绩：根据平时作业完成情况及出勤率进行评定，按照学院规定超过 1/3 不得参加考试，占 30%。

（二）健美教学进度的制订

健美教学进度是教学大纲的具体化，是将教学大纲中规定的教学内容合理地分配到每次课时中。教学进度安排得是否合理，在很大程度上影响着教学的效果。教学进度是教师编写教案的直接依据。

健美教学进度主要包括：

1. 课程信息

课程信息包括科目、教学班信息、任课教师、总学时等。

2. 教学目的和教学任务

提出学期教学的重点、难点、学时分配、教学应达到的目的和任务等。

3. 学期教学内容分配

以周为单位进行学时分配，并提出每周教学的内容纲要等。

表 4-5　××高校健美教学进度计划

时间：2018~2019 学年度第 1 学期

科目	术科	年级	××级	班级		××班	第2学期
课程名称	健美专修	任课教师	××老师	总学时			36学时
教学目的和教学任务			通过健美教学和训练，使学生基本掌握健美运动的基本理论、基本技术、基本知识，提高健美运动技能，增强体质，促进身体健康				

周次	时数	教学内容纲要	辅助活动	备注
1	2	理论课：健美运动概述、发达人体各肌肉群的练习动作		
2	2	恢复性训练，以50%~60%的运动量进行身体各个部位的练习，采用循序渐进的练习方法，提高学生的身体机能（中、小强度，中等运动量）	身体素质	

续表

周次	时数	教学内容纲要	辅助活动	备注
3	2	背部肌群的锻炼动作：坐姿下拉、俯立划船、引体向上、屈体硬拉、坐姿划船（讲解示范法）		
4	2	胸部肌群的锻炼动作：仰卧平板推举、斜卧平板推举、仰卧飞鸟、俯卧撑、坐姿曲臂扩夹胸（讲解示范法）	篮球	
5	2	腰腹部肌群的锻炼动作：仰卧起坐、俯卧挺身、仰卧举腿、仰卧两头起、负重体侧屈、悬垂收腹举腿、直腿硬拉（讲解示范法）		
6	2	臀部肌群的锻炼动作：俯卧后举腿、俯卧交替后举腿、站姿支撑后摆腿、站姿负重伸大腿、宽站距后蹲（讲解示范法）		
7	2	腿部肌群的锻炼动作：坐姿腿举、深蹲、坐姿腿屈伸、仰卧举腿、俯卧腿弯举、站姿负重提踵（讲解示范法）		
8	2	颈部肌群的锻炼动作：站姿颈屈伸、仰卧颈屈伸、俯卧颈屈伸、俯立颈屈伸（讲解示范法）		
9	2	肩部肌群的锻炼动作：站姿提肘上拉、站姿前平举、站姿侧平举、俯身侧平举、俯立飞鸟、颈前推举、颈后推举、站姿耸肩（讲解示范法）		
10	2	臂部肌群的锻炼动作：站姿哑铃/杠铃弯举、俯身哑铃/杠铃弯举、斜板单臂哑铃弯举、反握引体向上、颈后臂屈伸、仰卧臂屈伸、俯立臂屈伸、站姿屈肘下压、仰卧撑、腕屈伸（讲解示范法）		

续表

周次	时数	教学内容纲要	辅助活动	备注
11	2	复习胸部和臂部的锻炼动作		
12	2	复习背部和颈部的锻炼动作	篮球	
13	2	复习肩部和腰腹部的锻炼动作		
14	2	复习腿部和臀部的锻炼动作		
15	2	理论课：健美运动教学、竞赛组织和裁判法（竞技健美）		
16	2	健美规定动作和自选动作的教授（讲解示范法）		
17	2	技术考试采用抽题完成技术考核。包括技术考核和规定动作，总的占 40%		
18	2	理论考试以练习技术作为考试的重要内容，抽答 2~3 个问题，占 30%		

（三）健美教学教案的制订

教案即课时计划，是教师根据教学进度编制而成的。科学地编写每次课的教案对全面完成教学大纲所规定的教学任务具有重要的意义。

教案不仅是教师上课的依据，而且对积累资料、总结经验、提高对教学规律的认识具有重要的意义。另外，教案还是检查、考核教师的工作态度、业务水平的具体内容之一。

健美教学教案的内容包括：

1. 课程信息。包括周次、课次、时间、教学班信息、任课

教师、教学地点等。

2.教材内容。指出课程要教授的主要内容。

3.教学目标。根据教学进度要求提出具体目标。

4.课的内容及分配。分开始部分、准备部分、基本部分及结束部分，分别阐述各部分的教学内容及组织教法和教学要求等。

5.场地器材。提出课程所需的场地和器材等。

6.课后小结。根据实际上课的情况，在课后填写。

表 4-6　健美教学教案示例（仅供参考）

×× 高校健美教案

人数：23人　第2周　第2次课　时长：90分钟　××××年×月×日

教材内容	健美锻炼背部和胸部肌肉的练习方法		
教学目标	1.学习掌握背阔肌、胸肌的练习方法。 2.用小强度对背部肌肉和胸部肌肉进行练习。 3.动作要标准性、用力要合理性		
课的部分	时间	课的内容	教学组织及 教学要求
开始部分	2分钟	1.整队集合，清点人数，师生问好。 2.下达科目。 3.检查运动服装、护具，处理见习。 4.思想动员：结合课的任务和内容，以及学生的实际情况进行教育动员	教学组织： 以二路纵队，以体操队形站立，整齐排列，统一口令，随老师一起做。 教学要求： 队列整齐，采用中速，认真进行，动作到位，优美大方

续表

课的部分	时间	课的内容	教学组织及教学要求
准备部分	13分钟	1. 慢跑 600 米。 2. 一般准备活动。 　八节　4~8 拍　徒手操 3. 专项准备活动	教学组织： 以体操队形站立，统一口令，同时进行，由教师或同学带操。 教学要求： 动作整齐，有力到位，优美大方，舒展，充分活动，出微汗，减少运动损伤
基本部分	70分钟	1. 颈后引体向上（6-8）×3组。 2. 硬拉　80%（3~6）×4组。 3. 曲体划船 12×4 组。 4. 卧推举（8~12）×4组。 5. 仰卧哑铃扩胸（8~12）×4组。 6. 俯卧撑（12~20）×4组。 7. 放松跑 1 000 米	教学组织： 每 2~3 人为一组，互相保护，分组轮换进行，按照计划的先后顺序进行。每项之间可稍休息一会。 教学方法： 采用示范—讲解—示范—分组练习的方法。 教学要求： 1. 按质按量完成训练，要求注意力集中，预防教学事故，减少运动损伤，加强组与组之间、项与项之间的间隔时间的控制，训练要有激情、投入，有拼搏精神。 2. 根据个体差异选择局部的练习，加强肌肉控制。 3. 加强技术的正确性，进行规范化的教学和训练

续表

课的部分	时间	课的内容	教学组织及教学要求
结束部分	5	1. 放松活动（每二人为一组，按摩局部）。 2. 整理运动器械，按照类型归纳放置。 课评：对训练中存在的问题集体讲评，如何改进，提出要求，下次应该注意的问题	教学组织： 以二路纵队，以体操对形站立，整齐排列，统一口令，交换按摩

二、健美教学的组织与实施

组织与实施是健美教学中最重要的实践环节。在进行健美教学工作的组织实施中，以学生为主体地位，教师为主导地位进行。教师要充分发挥主导地位，认真备课和上课。要在实施过程中，依据反馈信息，灵活加以调控与运用。

（一）健美教学的组织形式

健美教学的组织形式主要分为两种，健美技术教学和理论教学。健美技术教学主要以发展各部位肌群的锻炼动作、练习方法、训练计划的制订等方面为教学基本内容，以讲解示范为主要的教学方法。理论教学则是通过课堂上教师提示讲解和课外辅导作业的方式来进行教学。

（二）健美课的基本结构

健美课的基本结构一般分为四个部分，即开始部分、准备部分、基本部分和结束部分。

1. 开始部分

开始部分一般是让学生知道本次课的教学内容，教学任务及其他的一些要求，包括：集合整队、清点人数、检查服装、宣布教学内容。

2. 准备部分

准备部分的主要任务是使人体各系统迅速进入基本运动状态并发展一般身体素质，为实施教学基本内容做好准备。准备部分一般包括：一般准备活动和专项准备活动。

3. 基本部分

基本部分是教学设计最主要最核心的部分，主要包括技术练习，理论知识和一些其他的辅助练习。根据本次课的教学内容、教学任务、学生的身心特征及肌肉群的发展顺序等合理地安排教学内容以及教学的先后顺序。

4. 结束部分

结束部分一般以肌肉放松、总结、布置课外作业、回收器材等为基本内容，时间较少，以 3~5 分钟为宜。

（三）健美课的实施环节

健美教学有其特定的教学内容和任务，任务和内容是通过教学过程实现的，所以在教学过程中，明确各个环节的功能及其质量要求，对顺利地开展教学工作、提高教学质量，完成教学任务和内容有重要的意义。

教师教学工作一般包括以下几个环节：

1. 备课

备课是指教师根据学科要求和本门课程的特点，为上课做的准备工作，包括熟悉教材、结合学生的情况编写教案、确定

教学内容以及选择教学方法等。

2. 上课

上课是教学中最重要的环节，是体现教师教学能力与展示教师技能的平台。在健美教学中，课程可分为理论课和实践课两种类型。理论课是以向学生讲授健美基础理论知识为主要目的，实践课是以教师向学生传授健美锻炼方法、练习技术、掌握技能等为主要目的。上课结构主要由组织教学、检查复习、传授新技术、巩固新技术五个部分组成，课的结构也可根据实际情况多变多样，教师应科学地予以设计，提高上课时间的利用率，保证教学任务的完成，提高教学的质量。

3. 布置课外练习内容

健美运动是一项需要长期坚持才能获得效果的运动，所以单靠上课的时间进行练习是远远不够的，要想更好地掌握健美技能、发达肌肉、改善体形体态，就必须在课后多加练习，巩固技术。为了使学生更加了解肌肉的构造及工作原理，教师还应布置学生在课后多学习有关的理论知识，提高学生的学习能力。

4. 学生成绩的评价

学生成绩的评价也是教学过程中的一个重要环节，是评定教师教学效果和检验学生技能掌握情况的重要手段。全面客观地评价学生的成绩，可以使学生了解自己的长处及不足之处，明确改进的方向，提高今后的学习效率；同时也可以使教师了解自己的教学效果，以便找出教学过程中的不足，对自己的教学工作进行改善。

（四）健美教学中的保护与帮助法

在健美教学活动中，为避免伤害事故的发生，使锻炼能够

114

安全进行，对部分练习应进行保护和帮助。所以在教学中应让学生学会保护和帮助的方法：

1. 双人保护与帮助方法

这个方法一般是在用杠铃做练习时，两个保护者分别站在杠铃两端进行保护和帮助。例如，做卧推动作时，保护者将杠铃从卧推架上支起做好准备姿势，帮助维持动作平衡；动作过程中可略微施加阻力以增加练习者的用力强度，或者施加助力帮助练习者完成动作；出现危险情况时应立即给予保护，或帮助放下杠铃。采用这种方法时，两人的动作应协调一致，不能一快一慢、一高一低，或用力一大一小，否则可能因重量偏向一端导致受伤。

2. 单人保护与帮助法

这一方法可在用杠铃或其他器械做练习的过程中使用。例如，在卧推中，保护者可站在练习者的头端、杠铃横杠的中间位置进行保护和帮助。

3. 自我保护法

在有些动作无法完成时，练习者可采用自我保护法丢下杠铃，而使自己摆脱困境，以避免伤害事故的发生。例如，在做后深蹲动作时，若向上起立至一半而因腿力所限站不起来时，这时务必注意继续收紧腰背肌，同时利用因站不起来而不得不回降至深蹲状态时所出现的向下的冲力，再及时向上反弹，同时用力向前挺胸挺髋，使杠铃由颈后肩上向后落下，从而达到自我保护的目的。

三、健美教学的检查与评定

健美教学的检查与评定是整个教学工作中的一个重要环节。在一定程度上能反映本学年健美教学效果的成功与否。通过考

核比较学生的身体素质、肌肉维度、训练负荷等方面的变化，作为下学年调整教学计划、改进教学工作的重要参考。

（一）教师教学工作的检查

教师教学工作的检查，包括教学内容、教学任务及完成相关计划的情况等。除此之外，还包括对教师教学水平的评估（通过教师技能大赛、教学互相观摩、学生评价等形式进行）。这是提高教学质量和检查教师业务水平的重要方法之一。

（二）学生学习情况的检查

主要通过健美考核来检查学生知识、技术及技能掌握的情况。健美考核的内容可分为平时成绩、达标成绩、技评成绩及理论考试成绩四个部分。教师可根据实际情况分配每个部分所占百分比。

第五章
健美训练

第一节 健美训练的任务与原则

一、健美训练的任务

1.明确训练的目的和意义，掌握健美专项技能及训练方法，培养自觉训练的习惯和健美意识。

2.增强体质，促进健康，改善体形、体态，提高竞技水平。

3.陶冶情操，促进身心全面发展，培养刻苦训练、克服困难等优良品质。

二、健美训练的原则

健美训练的原则主要有因人而异原则、循序渐进原则、全面发展原则、分化训练原则、优先发展大肌肉群原则及超负荷训练原则等。

第二节　健美训练的方法

健美训练的方法主要有循环训练法、向心训练法、分部训练法、金字塔训练法、自重训练法、大负荷训练法、超量负荷训练法、组合训练法等。

一、循环训练法

循环训练法是把训练相同部位的动作编排在一组，分成若干站，然后按预先制订的顺序进行练习，做完一个站后即刻转换到下一站，直至完成所有站的练习。

如图 5-1 所示：

（第一站）杠铃站姿弯举→（第二站）哑铃站姿弯举→第三站（俯身弯举）

（第四站）斜板单臂弯举←（第五站）单臂坐弯举←（第四站）斜卧弯举

注：做 2~3 组，每组每个动作做 6~8 次

图 5-1　发展肱二头肌的循环练习

二、向心训练法

向心训练法指肌肉克服外部阻力向身体靠近的练习方法，主要的特点是肌肉收缩时，长度在变短。这是健美运动训练时最常用的方法。但要注意运动负荷的安排，如表 5-1 所示。

表 5-1　向心训练法示例

不同水平的练习者	强度（%）	组数	次数	密度	动作速度
初级者	40~60	2~3	12~16	小	中、快
中级者	60~80	4~6	8~12	中	慢、中、快
高级者	80~90	6~8	6~8	中	慢、中

三、分部训练法

分部训练法主要根据练习者的目标和能力进行分部练习，在不同的课次中训练不同部位的肌肉，以保证全身肌肉协调发展。分部训练计划要注意以下事项：

1. 科学分部

要科学地划分每次练习的部位和肌群。

2. 合理制度分部训练计划

在制订分部训练计划时，应避免肌肉疲劳，相同部位的肌肉可以隔天训练。

第三节　健美训练负荷量

健美训练负荷量指练习者在训练中所能完成的生理负荷。即训练者按照其规定的强度完成每次训练或每个动作，强度由重量、组数、次数、密度等组成。

一、负荷量的因素与指标

负荷量主要包括数量、强度、时间和密度组成，数量和强度是主要因素。

1. 数量

数量是指一个动作、一次练习或一次训练中重复练习的量或训练总量。

2. 强度

强度是指在单位时间内产生的负荷量。在健美训练中，强度的决定因素由单位次数中所举重量大小来决定。

3. 时间

健美训练的时间是指完成单个动作的时间、间歇时间及完

成这次训练的总时间。

（1）单个动作时间指完成一个动作的时间。

（2）间歇时间主要指两组练习之间的休息时间。

4.密度

密度是指单位时间内重复练习的量。分为单个训练密度和一次训练的总密度。

二、负荷强度的计算

1.一次练习负荷强度的计算

一次练习负荷强度的计算有两种方法。用运动成绩计算，其数值的确定是用绝对成绩确定，也可用相对成绩确定相对负荷强度。计算公式为：

百分比强度＝（最佳成绩／训练成绩）×100%

例如：某运动员100米跑最佳成绩为10秒，某次练习的训练成绩为12秒，求其负荷强度是多少？

代入上述公式：

$$（10/12）×100\%=83.3\%$$

即该次练习的负荷强度为83.3%。

上述计算方法，用于计算卧推练习项目，计算公式改为：

百分比强度＝(训练成绩／最佳成绩)×160%

例如：运动员卧推练习举起的最佳成绩为110公斤，某次练习举起90公斤，试求该次练习的负荷强度。

代入上述公式：

$$百分比强度＝（90/110）×100\%$$
$$=81.8\%$$

即该次练习的负荷强度为 81.8%。

用心率计算，其数值的确定是用绝对心率确定，也可用相对心率确定相对负荷强度。其计算公式为：

训练强度 =[(训练心率 – 安静心率)/(最高心率 – 安静心率)]× 100%

例如：某运动员安静时心率为 52 次 / 分，最高心率为 206 次 / 分，试求某次练习心率为 174 次 / 分，其负荷强度为多少？

代入上述公式：

训练强度 = [（174–52）/（206–52）]× 100%

　　　　　= 79.2%

即该次练习的负荷强度为 79.2%。

2. 一个项目或一组练习负荷强度的计算

负荷百分比强度 =(训练成绩 / 最佳成绩) × 100%

例如：某运动员用最大力量卧推 110 公斤，在某组力量训练中这样安排：60 公斤举 10 次，70 公斤举 8 次，80 公斤举 6 次，90 公斤举 4 次，100 公斤举 2 次，试求该组力量练习的负荷强度为多少？

（60 × 10+70 × 8+80 × 6+90 × 4+100 × 2）÷（10+8+6+4+2）=73.3（公斤）

即平均每次举的重量为 73.3 公斤。

代入公式：

百分比强度 =（训练成绩 / 最佳成绩）× 100%

　　　　　=（73.3/110）× 100%

　　　　　= 66.6%

即该组力量练习的负荷强度为 66.6%。

3.绝对强度和相对强度的计算

（1）绝对强度

用练习该运动项目时的单个动作的速度、距离、重量等功率指标或测算出的具体成绩来表示。

（2）相对强度

相对强度 =（大强度练习总量 / 同类练习的总量）× 100%

例如：一次短跑课中，80% 以上大强度快跑距离总计 500 米，全课总共跑 1 000 米，求该课的相对强度是多少？

解：全课相对强度 =（500/1000）× 100%=50%

80% 以上的强度，即相对强度中的"大强度"。

（3）平均强度的计算

一般分为平均百分负荷强度和平均练习强度两种。

①平均百分负荷强度

平均百分负荷强度 =（百分负荷强度 × 组次）/ 组次 × 100%

②平均练习强度

平均练习强度 =（练习强度 × 组次）/ 组次

（4）生理强度的计算

平均生理强度 = 某次课生理负荷总量 / 该课的总时间

例如：本次课共 100 分钟，根据遥测心率计抽样测定某次田径课中的好、中、差三名学生的平均脉搏总数为 14 800 次，求本次课的平均生理强度是多少？

全课平均生理强度 = 14 800/100= 148（次 / 分）

三、负荷量的计算

1.练习量的测算

练习量主要指练习的总次数、总组数、总时间、总重量、总距离之功率指标。

构成练习量的时间是指练习所占用的总时间；次（组）数，是指单位练习时间里完成动作的数量或组数；总距离是指单位时间里练习距离的积累数；总重量是指单位时间里负重量的积累。

2. 生理量的计算

生理量指一次课的总的脉搏数，就是用脉搏总量来反映生理量。

3. 百分比负荷量的计算

（1）以最小强度的最大值作为百分之百的负荷量，以此为基础推算其他练习量的百分负荷等级。

百分负荷量 =（以各种强度完成练习的实际量 / 最小强度的最大量）× 100%

（2）如果已知固定负荷强度推算百分负荷量，其方法是：

百分负荷量 =（以某强度完成的某一练习量 / 以该强度所能完成的最大练习量）× 100%

例如：已知某班学生平均用 40% 的最小强度能完成某项田径技术的练习总次数最多为 25 次。现在用各种强度练习了 20 次，求百分负荷量为多少？

百分负荷量 =（以各种强度完成练习的实际量 / 最小强度的最大量）× 100%

$$= （20/25） × 100\%$$

$$= 80\%$$

该课的百分负荷量为 80%。

第四节　健美训练计划的制订

训练计划是进行健美训练的前提，一个科学的训练计划能

改进训练工作，提高训练效果，同时也是训练工作科学进行的保证。

一、制订训练计划的要求

明确训练目的任务，尽可能地反映训练的客观规律；要根据训练对象有针对性地合理安排，尽可能全面、具体和细化；要合理安排负荷量，明确具体的强度要求，在负荷量和强度上必须有的放矢。

二、训练计划的类型

根据训练时间的长短，健美训练计划分为多年训练计划、全年训练计划、阶段训练计划、周训练计划和课训练计划五种类型。它们是相互联系的整体，是层层递减的关系。

（一）多年训练计划

制订多年训练计划应包括的内容有：分析运动员运动技能的基本情况、通过一定的途径和方法完成任务和指标，对训练内容和运动量进行大致安排及遵循客观的训练规律等。

（二）全年训练计划

制订全年训练计划应包括的内容有：回顾上年度训练工作（开展现状、存在问题、解决方法），提出本年度的训练任务，记录运动员的基本情况，评估运动员的身体素质情况并加以记录说明，评估运动员对技术情况的掌握程度并提出相应措施进行改进，提出各个肌群的训练动作、原则和方法等。

（三）阶段训练

阶段训练一般安排在周期计划中，在周期计划中，每个阶段训练计划为时六个月。阶段训练计划包括以下内容：

1.根据全年计划对不同阶段的各项要求和安排进行制订。

2.确定不同阶段的训练目标、内容、方法、时间和运动量等，并落实到训练中。

3.控制好各阶段之间的运动负荷。

（四）周训练计划

周训练计划是根据阶段训练计划制订的。其计划内容主要包括：训练任务和目标、训练次数、训练的内容、训练动作及训练频率和时长等。具体计划可参照阶段训练计划。

（五）课训练计划

课训练计划是根据周训练计划制订的。其计划应包括：训练内容、训练目标与任务、训练动作、训练方法、训练重点、难点及运动负荷等。

表5-2　课训练计划示例

教学内容：学习肱二头肌的基本练习方法

教学任务：
1.初步了解肱三头肌的锻炼方法。
2.提高耐力和柔韧素质

时间	课的结构程序 （技术重点、难点）	教学过程 （教师活动、学生活动）

续表

时间	课的结构程序 （技术重点、难点）	教学过程 （教师活动、学生活动）
准备部分 8 分钟	课堂常规：整理队形，师生问好，宣布本课内容，安排见习生和活动内容。 一、热身活动 1.徒手操： 扩胸振臂 体转运动 体侧运动 俯背运动 弓步压腿 仆步压腿 2.讲解： 向学生讲解肱二头肌的特征和锻炼中的注意事项	组织：♀♀♀♀♀♀♀♀♀ △♀♀♀♀♀♀♀♀♀ ▲ 1.教师带领学生做准备活动 要求： ①提前要有准备。 ②自编动作要先示范。 ③口令响亮，并与动作协调一致。 ④动作要规范。 2.教师提出要求，检查、指导并给予评价 充分的准备活动使身体温度升高，肌肉黏滞性降低，避免肌肉、韧带被拉伤

126

续表

时间	课的结构程序 （技术重点、难点）	教学过程 （教师活动、学生活动）
基本部分47分钟	二、教学部分： 1. 站姿曲杠弯举	A. 作用：主要发展肱二头肌、肱桡肌。 B. 动作要领：发力以肘关节为主弯曲手臂带动杠铃运动，直至杠铃接近胸部位置稍作停顿，缓慢卸力下落还原至起始位置，在最低点时不完全放松。 运动方向：由下至上。 C. 组数 4×15。
	2. 牧师凳弯举	A. 作用：主要发展肱二头肌及前臂屈肌群。 B. 动作要领：发力以肘关节为主弯曲手臂，直至小臂接近垂直地面；稍作停顿，缓慢卸力还原至起始位置，在最低点时不完全放松。 运动方向：由下至上。 C. 组数 4×15。
	3. 哑铃臂弯举	作用：主要发展肱二头肌及前臂屈肌群。 动作要领：上臂稍离身侧，绷紧肩关节，上臂不要将哑铃下放至最低点。 运动方向：由下至上。 组数 4×15。
	4. 绳索垂式弯举	作用：主要发展肱二头肌及前臂屈肌群。 动作要领：保持上臂固定，发力弯曲手肘将绳索拉起，缓慢卸力还原至起始位置，控制配重片不相撞。 运动方向：由下至上。 组数 4×15。
	5. 杠铃臂弯举	作用：主要发展肱二头肌及前臂屈肌群。 动作要领：上臂稍离身侧，绷紧肩关节，上臂不要将杠铃下放至最低点。 运动方向：由下至上。 组数 4×15

健美运动

JIANMEI YUNDONG

续表

时间	课的结构程序 （技术重点、难点）	教学过程 （教师活动、学生活动）	
结束部分 5 分钟	三、放松部分	运动后进行放松，是缓冲、整理过程，可以帮助人体各系统从运动状态过渡到相对安静状态。适宜的放松徒手操、放松按摩、呼吸节律放松操等放松运动，不仅可使运动者的大脑皮层兴奋性及较快的脉搏、呼吸频率恢复到运动前的安静状态，还有助于缓解肌肉疲劳，减轻酸胀感，避免运动健身后头晕、乏力和恶心等不良反应。有的人做完运动项目后，没有放松、整理身体的阶段，立即坐下来休息，这样会让健身的效果大打扣。 1. 静态拉伸：拉伸运动中活动较多的肌肉，直到感到肌肉完全绷紧，保持15~30秒。静态拉伸能放松肌肉，有助于缓解身体的僵硬和疼痛感。 2. 整理活动：一般可以甩动胳膊、转转腰、抖抖腿等，促进血液的回流，使肌肉主动放松。	放松肌肉，增强肌肉的弹性，调节器械练习的单一、枯燥感。提高有氧耐力，减脂、塑型
	四、结束部分	1. 整理器材。 2. 放松练习。 3. 课堂小结。 4. 布置课外作业	
教学小结	从本次课的情况看，大部分学生以前没有接触过器械健身的练习内容，对各种器械和锻炼方法比较陌生，但是学习兴趣较高		

第五节　初级 中级 高级健美训练

一、健美爱好者初级阶段训练

1. 训练目标

发展全身各部位主要肌群，使身材逐步匀称；增强体质，增进身体健康，逐步提高承受运动负荷能力。

2. 训练次数及时间

每周训练 3 次，每次 1.5 小时。

3. 要求

第一周每个练习做 2 组，第二周每个练习增加到 3 组，持续 6 个月。强度、组数酌情增加，练习内容经常变换。为提高练习兴趣可采用不同的器械练习同一动作。

表 5-3　健美爱好者初级阶段训练计划示例

次序	内容	重量与次数	组数	提要
1	弯举（杠铃）	轻 12~16	2~3	练习时间： 周一、三、五下午 4：00~5：30
2	推举（杠铃）	轻 12~16	2~3	周一： 教学为主，各做 2 组，轻重量，集体进行
3	俯立拉（杠铃）	轻 12~16	2~3	
4	硬拉（杠铃）	轻 12 ~ 16	2~3	周三： 复习为主，各做 3 组，轻重量，集体小组集中进行
5	俯卧撑（徒手）	头高脚低 12 ~ 16	2~3	

续表

次序	内容	重量与次数	组数	提要
6	后深蹲（杠铃）	轻 12~16	2~3	周五： 复习与训练，各3组，根据个人情况适当加重，小组进行
7	仰卧起坐 （徒手）	抱胸 16以上	2~3	

表5-4　健美初学者一周三次训练计划示例

训练内容	周一	周三	周五
三角肌中束			√
三角肌后束			√
肱二头肌	√	√	
肱三头肌		√	
胸大肌	√	√	
上背部肌		√	
背阔肌		√	
腰肌			√
腹直肌	√		
腹内外斜肌	√		
股四头肌	√		√
股二头肌			√
三角肌前束	√		
小腿三头肌			√

二、健美运动员中级阶段训练

1. 训练目标

使主要肌群增大，针对弱点练习，力争匀称发展；增加训练量和强度，周训练次数及时间：每周训练 4~5 次，每次训练约 2 小时。

2. 要求

经过 1~2 年的初级阶段训练，即进入中级阶段训练，中级阶段的训练强度、组数都有较大幅度增加。练习内容要结合的个人特点，使肌肉得到更全面发展。

表 5-5　健美运动员中级阶段训练计划示例

周	序号	运动名称	运动量					目的
			重量(%)	组数	次数	速度	密度	
一四六	1	弯举（杠铃）	60~80	6~8	8~12	中	小	发展肱二头肌等
	2	卧推（杠铃）	70~85	8	8~12	中	小	发展胸大肌等
	3	后深蹲（杠铃）	60~90	6~8	6~12	混	小	发展股四头肌
	4	负重起踵（杠铃）	60~70	4~6	12~16	快	小	发展小腿肌等
	5	双臂屈伸	负重	3~4	10~16	中	中	发展肱三头肌及胸大肌
	6	仰卧起坐	负重	4~6	16次以上	混	小	发展腹肌

续表

周	序号	运动名称	运动量					目的
			重量(%)	组数	次数	速度	密度	
二五	1	颈后臂屈伸（哑铃）	70~80	4~6	8~12	慢	中	发展肱三头肌等
	2	俯卧飞鸟（哑铃）	65~75	4~6	8~10	混	中	发展胸大肌
	3	卧拉划船（杠铃）	72~0	4~6	8~12	混	小	发展背阔肌
	4	双臂交替前举(哑铃）	70~80	6~8	8~12	混	小	发展三角肌
	5	坐推(杠铃)	70	6	8~10	混	小	发展三角肌
	6	山羊挺身	负重	4	8~10	快	中	腰背骶棘肌

表 5-6　中级健美运动员一周五次训练计划示例

训练内容	周一	周二	周四	周五	周六
肱二头肌	√		√		√
肱三头肌		√		√	
三角肌		√		√	
胸大肌	√	√	√	√	√
肩胛提肌					
上背部肌		√		√	
背阔肌		√		√	
骶棘肌		√		√	

续表

训练内容	周一	周二	周四	周五	周六
腹直肌	√		√		√
腹内外斜肌	√		√		√
股四头肌	√		√		√
小腿三头肌	√		√		√

三、健美运动员高级阶段训练

（一）训练目标

进一步发达全身肌肉，抓好弱点训练，使肌肉线条更加鲜明，体形更加匀称；加深对肌肉的刺激，促进肌肉的进一步生长和发展，使肌肉更加发达健美。

（二）训练次数及时间

每周训练 6~12 次，每次约 2.5 小时。

（三）要求

健美运动员经过多年（4~5 年）系统和长期全面地训练后，即进入高级训练阶段。在高级训练阶段，强度、组数、每周练习次数都有大幅度增加，练习次数相对固定，练习内容结合个人特点，使肌肉得到更全面、更完美的训练，高级阶段训练必须有充分的营养保证。

（四）健美运动员高级阶段训练示例

1. 胸大肌练习

颈上卧推8×8（即8组8次，下同）；哑铃扩胸8×8，斜板拉力器扩胸8×8；宽撑双杠8×8。

2. 背阔肌练习

短拉距划船8×8；后仰提胸引体向上8×8；高凳划船8×8；短拉距拉力8×8。

3. 三角肌练习

两臂交替前举8×8；两臂侧摆8×8；仰卧飞鸟8×8。

4. 肱三头肌练习

仰卧颈后伸臂8×8；卧姿定肘伸臂8×8；窄握距卧推8×8；收肘下推8×8。

5. 肱二头肌练习

斜板哑铃弯举8×8；斜板交替弯举8×8；肘固定弯举8×8；拉力器屈臂8×8。

6. 前臂肌练习

斜板杠铃腕屈伸5×10；正握杠铃弯举5×10；"佐特曼"屈臂5×17。

7. 大腿肌练习

负重提踵8×20；坐姿负重提踵8×20。

9. 腹肌练习

仰卧举腿8×8;半仰卧举腿8×8。

表 5-7　高级健美运动员一周八次训练计划

训练内容	一	二	三	四	五	六	七	八
颈后肌群			√		√			√
前臂肌群	√				√			√
肱二头肌	√	√	√	√	√	√	√	
肱三头肌	√	√	√	√	√	√		√
三角肌	√			√	√		√	√
胸大肌	√	√	√	√		√	√	√
肩胛提肌		√	√			√		
上背部肌	√	√	√		√			√
背阔肌		√		√		√	√	
腹直肌		√	√	√		√	√	√
腹内外斜肌	√		√		√		√	
臀大肌	√				√			
股四头肌		√		√		√		√
股二头肌	√		√		√		√	
骨后肌		√			√			
小腿三头肌		√		√		√		√
动作造型		√		√		√		√

（五）著名健美运动员介绍

1. 阿诺德·施瓦辛格

1963 年，在奥地利的格拉茨，16 岁的施瓦辛格第一次参加了全国健美比赛。1966 年，在德国举行的欧洲健美锦标赛上，19 岁的施瓦辛格获得了"欧洲先生"称号。20 岁那年，施瓦辛格获得了"环球先生"称号。1969 年，他第一次参加"奥林

匹亚先生"大赛，1970年，战胜古巴选手奥利伐夺得"奥林匹亚先生"称号。此后，在1971、1972、1973、1974、1975年和1980年连续七次登上"奥林匹亚先生"宝座。1983年，加入美国籍的他参加国际健美比赛，第一次获得了"健美先生"称号。1989年，他创办了"阿诺德古典赛"。鉴于他对健美运动的贡献，他多次受到国际健美联合会的表彰和嘉奖。2011年3月1日，美国媒体集团宣布施瓦辛格出任集团旗下两份杂志《屈伸》和《健美与健康》主编。

表 5-8　施瓦辛格基本信息

基本信息			
中文名	阿诺德·施瓦辛格	职业	演员、政治家
外文名	Arnold Schwarzenegger	毕业院校	威斯康星大学
国籍	奥地利 / 美国	代表作品	《终结者》系列、《野蛮人柯南》《终极》
民族	日耳曼		
星座	狮子座	主要成就	美国金球奖电影类——最佳新男演员 MTV 电影奖——最佳男演员 国际健美联合会业余组宇宙先生 德国力量举锦标赛冠军 2003~2011 年当选为美国加利福尼亚州州长
血型	A 型		
身高	187 厘米		
体重	105 公斤		
出生地	奥地利	政党	共和党
出生日期	1947 年 07 月 30 日	身体形态	上臂围 57 厘米，胸围 144 厘米，腰围 81 厘米，大腿围 71 厘米，小腿围 46 厘米

表 5-9　施瓦辛格一周的训练计划

周	序号	运动名称	运动量			目的
			重量 %	组数	次数	
一 三 五	1	杠铃卧推	60~85	4	4~10	发展胸部肌群
	2	上斜杠铃卧推	70~85	4	4~10	
	3	哑铃仰卧飞鸟	60~90	3	6~10	
	4	双杠推起	60~85	3	8~15	
	5	直臂过顶举	60~85	3	每组 15 个	
	1	引体向上	60~85	4	每组 10 个	发展背肌
	2	窄握引体向上	自重	4	每组 10 个	
	3	T-杠划船	40~80	4	6~15	
	4	俯身杠铃划船	50~85	4	8~12	
	1	深蹲	60~90	4	4~10	
	2	肩前深蹲	45~75	4	6~10	
	3	斜板深蹲	65~90	3	每组 10 个	
	4	腿弯举	45~80	3	6~20	
	5	站姿腿屈伸	45~80	4	每组 10 个	
	6	直腿硬拉	50~85	3	每组 10 个	
	7	骑驴提踵	65~85	4	每组 10 个	
	8	站立提踵	60~85	4	8~15	
	1	仰卧起坐	自重	3	每组 25 个	发展腹部肌群
	2	俯身转体	自重	1	每边 100	
	3	器械仰卧起坐	40~60	3	每组 25 个	
二 四 六	1	杠铃颈后推	45~75	4	6~8	发展肩部肌群
	2	哑铃侧举	45~65	4	每组 8 个	
	3	俯身哑铃侧平举	45~70	4	每组 8 个	
	4	哑铃耸肩	70~90	3	每组 10 个	
	1	交替哑铃弯举	45~85	5	4~15	发展臂部肌群
	2	上斜哑铃弯举	45~85	4	每组 8 个	
	3	单臂哑铃弯举	65~85	3	每组 8 个	
	4	颈后单臂屈伸	50~85	3	每组 10 个	
	5	手腕卷曲	45~65	4	每组 10 个	
	6	反握卷曲	45~65	3	每组 10 个	
	1	坐姿提踵	65~80	4	每组 10 个	发展腿部肌群
	1	反向卷体	45~65	4	每组 25 个	发展腹部肌群
	2	坐姿转体	自重	1	每边 100 个	
	3	仰卧起坐	自重	4	每组 25 个	

2. 菲尔西斯

表 5-10　菲尔西斯简介

基本信息			
中文名	菲尔西斯	运动项目	健美
外文名	Phil Heath	专业特点	
国籍	美国		分别获 2011、2012、2013、2014、2015、2016、2017 年"奥林匹亚先生"赛第 1 名
出生地	华盛顿州西雅图市	主要奖项	
出生日期	1979 年 12 月 18 日		
身高	175 厘米		
体重	131.5 公斤		
		重要事件	2006 年纽约职业邀请赛冠军

表 5-11　菲尔希斯一周训练计划

周	部位	训练动作	组数	次数	注意事项
一	胸肌	上斜杠铃卧推	3	8~12	如使用杠铃，最后一组使用助力带。在每组的最后几个飞鸟动作中，2 秒钟时间打开，5 秒钟时间收缩
		杠铃/哑铃平推	4	8~12	
		上斜飞鸟	3	12~15	
		拉力器夹胸	3~4	15~20	
二	股四头肌	深蹲	4~5	8~10	
		单腿腿举	4	8~10	
		哈克深蹲	4	8~10	
		腿举	3	20	
	股二头肌	俯卧腿弯举	4	20	
		站姿腿弯举	4	8~10	
		直腿硬拉	4	8~10	
	小腿	站立体重/骑驴式提踵机提踵	3	力碣	

续表

周	部位	训练动作	组数	次数	注意事项
三	背部	宽握引体向上	5~7	10~12	宽握和窄握交替进行，每种握法各做 10 次，最后一组采取递减负重至力竭
		杠铃划船	3	8~10	
		硬拉	3	6~8	
		颈前下拉	4	20	
		坐姿绳索船	3~4	10	
		哑铃 / 器械直臂上拉	4	10~12	
四	肩部	坐姿哑铃推举	5	8~10	金字塔增重练法，9 公斤哑铃 20 次，11 公斤哑铃 15 次，13.5 公斤哑铃 10 次，14.5 公斤哑铃 8 次，18 公斤哑铃 6 次
		哑铃侧平举	3~4	12	
		上斜俯卧飞鸟	4	12	
		杠铃前平举	3~4	8~10	
五	肱二头肌	哑铃弯举	5	10~12	采用窄握距、中握距、宽握距各做 10 次，每组 30 次。此练习，每做 10 次就加重量，如用 68 公斤做完 10 次，立即增加到 72.5 公斤做 10 次，再增加到 77 公斤做 10 次
		杠铃斜托举	4	10	
		上斜哑铃弯举	3	8~10	
		杠铃弯举	3	30	
	肱三头肌	绳索下拉	3~4	10~12	
		站姿颈后哑铃臂屈伸	3	10	
		哑铃俯身臂屈伸	4	8~10	
		双杠臂屈伸	3	100	
	前臂	哑铃腕弯举	3	12	
	前臂	哑铃腕弯举	3	12	

第六节　瘦弱人群与肥胖人群的健美训练

一、瘦弱型女子的训练

1. 训练主要目的

增强体质，增加身体对运动负荷的承受能力，发展全身各部位主要肌群，增加体重。

增加训练强度和数量，加强较弱部位肌肉的训练，使身体匀称健美，精神饱满。

2. 训练次数及时间

每周训练 3~5 次，每次练习 1~1.5 小时。

3. 要求

循序渐进地增加训练量。

4. 训练内容

主要采用轻杠铃、小哑铃、垫上形体练习以及轻器械练习、健美操、健力舞等。

5. 瘦弱型女子强壮训练计划示例

以肌肉力量训练加无氧训练为主。强度大、组数多、次数少、密度小，混合速度。

（1）小哑铃操

（2）卧推：3~5 组，每组 6~8 次。

（3）卧拉：3~5 组，每组 4~8 次。

（4）肩部肌肉：飞鸟，皮筋扩胸，半俯卧撑。中上重量、中次数、间歇 2 分钟左右。

（5）放松练习或跳交谊舞结束。

二、瘦弱型男子的训练

瘦弱型男子一般指胸廓狭小，体重较轻，四肢较细，力量较弱的男性。瘦弱型男子的训练要因人而异，循序渐进地增加训练量。

1.训练主要目的

增强体质，增加身体对运动量的承受能力，发展全身各部位的主要肌群，增加体重；增加训练强度、数量、加强较弱部位肌肉的训练，发展力量，使身体健美。

2.训练次数及时间

一般每周训练 3~4 次，每次 1~1.5 小时。

3.训练内容

主要采用杠铃、哑铃、轻器械和组合练习器。具体训练内容可参考阶段训练中"健美初级阶段训练计划"。

三、肥胖型女子的训练

1.训练主要目的

减肥。即通过器械健美训练，促进身体健康，体形健美。

2.训练特点

肌肉力量训练＋有氧训练＋柔韧训练是减肥的重要途径，也是肥胖型女子训练的主要特点。

3.训练内容

轻器械练习（轻哑铃、小杠铃、棒、球、绳等）、垫上训练、走、跑、跳、徒手操，柔韧、伸展、拉长肌肉，大幅度多关节动作和腰腹部练习。

4. 肥胖型女子减肥训练计划示例

以肌肉训练加有氧训练加拉伸的柔韧训练为主。强度中小，组数中少，次数多、密度大，混合速度。

（1）健美操及多种跳跃练习。

（2）垫上不负重循环练习成套做 2~3 套，每套 10 个动作。

（3）局部肌肉训练练习：飞鸟、弯举、臂屈伸、仰卧起坐、挺身、划船。小重量，多次数（20~30 次），不停歇。

（4）持音响铃健力舞。

四、肥胖型男子的训练

肥胖型男子一般指脂肪较多，全身肥胖，体重超标，行动迟缓的人。

1. 训练主要目的

减肥，通过健美训练，促进身体健康，全身健美。

2. 训练次数及时间

每周训练 2~4 次，每次训练 1 小时左右。

3. 训练内容

走、跑、跳、杠铃、组合练习器等，以及大幅度多关节动作和腰腹肌练习。

肥胖型男子的具体训练内容可参考"男子健美运动初级阶段训练"和"肥胖型女子的健美训练"部分。肥胖型男子健美训练应注意有氧训练与肌力训练相结合。此外，饮食不宜过量，应适当节食，这对于取得减肥成功具有重要意义。

第六章
健美竞赛

第一节　健美竞赛概述

一、健美竞赛的意义和任务

开展健美竞赛的意义在于可以对该地区，甚至全国的健美运动起到推广和普及的作用；另一方面，通过举办健美竞赛充分展现运动员的完美形体，吸引更多的人参加到健美运动中，以达到促进健康、增强体质、陶冶情操的目的。

1.健美竞赛可以扩大社会宣传面，使更多的人了解健美，热爱健美。

在健美比赛中，可通过视觉来感受运动员结实的肌肉、健壮的形体、优美矫健的动作、朝气蓬勃的精神面貌，以及让人们通过听觉来感受积极向上的音乐节奏，使观众受到感染，振奋精神，增添乐趣，并从中学到有关健美运动与人体健康的知识，从而吸引更多的人参与健美运动。

2. 健美竞赛有利于提高运动技术水平。

比赛为教练员、运动员提供了检验教学、训练成果和交流心得、切磋技艺的机会。通过比赛，各参赛队员可充分展示训练水平，互相观摩学习，广泛地交流训练体会，肯定成绩，总结经验教训，明确以后的努力方向，既能增进友谊和团结，又能开阔思路，促进技术水平的提高。

3. 健美竞赛的任务是通过竞技比赛促进对健美运动发展方向的研究，使该项运动的技术向更完善的方向发展。

裁判员通过学习规则、比赛评分等提高执裁水平，获得实践经验，成为推动健美运动开展的骨干力量，并对该项目的发展起到导向作用。另外，比赛还能为健美的科学研究提供数据，促进健美理论与技术的全面发展。

二、健美竞赛的特点

1. 具有观赏性、竞技性、推广性、陶冶情操

（1）观赏性

美化身心，将体育和美育融为一体。一般的体育活动主要增进健康，增强体质，而健美运动则不完全相同，其名称本身及规定了它既要求"健"，又要求"美"。它的练习动作和手段，教学训练的内容和方法，以至比赛的内容和评分标准等，都体现了这一点。所以，在练习中不应该单纯地追求把某些局部肌肉的围度训练得很夸张，而应注意改善体形体态。比如，上半身与下半身的比例，每块大肌群的比例、线条，甚至在训练中"照顾"到一些小肌肉群，使体形匀称、协调。

（2）竞技性

健美竞赛和其他体育项目比赛一样，运动员必须通过激烈的角逐来证明自己的运动水平。

（3）推广性

每举办一场健美竞赛都会加强健美健身运动对人们的影响力。不仅如此，一场大型健美竞赛中会有很多赞助商和健美竞赛衍生出来的商品，也会得到一定的宣传与推广。

（4）陶冶情操

运动员也好，观众也好，不仅要注意体形体态的仪表美，而且要自觉陶冶自己美好的情操，加强思想修养，注意语言美、行为美、心灵美，真正把体育和美育、外在美和内在美很好地融合在一起，这样才能更好地发展健身健美运动。

2. 有效地发达肌肉

健美训练的主要目的之一是发达身体各部位的肌肉，健美比赛也是以全身肌肉发达程度为主要条件之一进行评分的。为此，健美训练中应经常采用各种各样的动作方式，进行反复多次的负重练习，每次练习的次数几乎接近或达到极限，给肌肉以强烈的刺激，从而促进新陈代谢活动。例如：20 世纪 80 年代健美运动员汤姆·普拉兹在训练腿部肌肉时，为了更好地对大腿肌肉进行刺激，他会同时采用大重量和高次数的训练，他甚至能深蹲 288 公斤 15 次，226 公斤 23 次，159 公斤 46 次，102 公斤 100 多次。

3. 竞赛方法灵活多样

健美比赛和练习的动作多种多样，有徒手和自抗力动作，有利用轻重器械做的各种动作，即使是重器械，也可根据需要自由调节重量、次数、组数，自由调节运动量，从而受到广大群众的喜爱。

第二节　健美竞赛的制胜因素

一、健美的形体

（一）肌肉

1. 肌肉围度

观察运动员身体各部位肌群围度的大小。

2. 肌肉质量

观察运动员肌肉线条的清晰度、分离度、力度等。皮脂薄，肌纤维排列清晰，密度大以及身体脱水后的干度。

3. 肌肉状态

肌肉收缩和放松的围度差大，形状美观；皮脂薄；全身各部位的大小肌肉均衡、协调。如在肌肉造型和非造型状态下，其围度和形状的变化是不同的，围度变化越大则说明肌肉质量越高；反之，围度变化越小，则其肌肉的质量不高。

（二）匀称

1. 骨架匀称

观察运动员身体的左右对称比例，四肢与躯干的比例，四肢修长，关节细小。

2. 肌肉匀称

观察运动员身体各部位的肌群布局和大小肌肉块比例。如肩部、胸部、臂部、腹部、腿部肌肉的大小比例协调，形状、布局匀称以及身体前侧和后侧肌群的比例是否合适。

二、造型

（一）规定动作评分方法

1. 前展肱二头肌

正面观察运动员肱二头肌的大小、形状，以及与前臂、肩部、胸部肌群是否对称，再观察其他部位肌群的整体比例是否匀称、协调。

2. 前展背阔肌

正面观察运动员背阔肌伸展的"V"字形状大小，以及与肩部、胸部、腿部等肌群的比例是否对称，再观察其他部位肌肉群的整体比例是否匀称、协调。

3. 侧展胸部

侧面观察运动员胸部的厚薄度，以及与肩部、臂部、大小腿肌群的比例是否匀称，再观察其他部位肌群的整体比例是否匀称、协调。

4. 后展肱二头肌

背面观察运动员肱二头肌的大小、形状以及与肩部、腿部等肌群的比例是否对称，再观察其他部位肌群的整体比例是否匀称、协调。

5. 后展背阔肌

背面观察运动员背阔肌伸展的"V"字形状大小，以及与肩部、胸部、腿部等肌群的比例是否对称，再观察其他部位肌肉群的整体比例是否匀称、协调。

6. 侧展肱三头肌

侧面观察运动员肱三头肌的大小、形状以及与肩部、胸部、大小腿肌群的比例是否对称，再观察其他部位肌群的整体比例

是否匀称、协调。

7.前展腹部和腿部

前面观察运动员腹肌和腿部肌肉块的大小、形状，再观察其他部位肌群的整体比例是否匀称、协调。

（二）自由造型评分方法

1.造型

观察运动员肌肉造型的控制力，以及造型动作的规范和美观程度。如造型动作准确流畅，并充分体现运动员的耐力和控制力、表现力。

2.表演

观察运动员动作设计编排与音乐选配的融合，以及与观众的神情交流，运动员应该充分地表现出自信力。整套动作的造型衔接流畅；造型与音乐的节拍相吻合，且根据音乐的旋律其眼神和手势与观众的情感交流得体，富于激情。

三、肤色

（一）色泽

观察运动员人工着色的深浅与整洁。油彩颜色均匀、整洁、搽油适量，同时考虑到比赛舞台上的灯光对上色的效果是否完美，选择油彩很重要。但是在涂抹油彩之前要进行美黑，让运动员的皮肤变得更黑更漂亮。美黑的方法主要有两种：天然的（sun tanning）和人工的（sunless tanning）。

天然的就是太阳光浴。

人工的又分为日晒床和人工美黑。日晒床是以日光为原理通过人工紫外线模仿太阳紫外线的照射。它产生的主要原因是太阳紫外线被医学证明是致皮肤癌的。人工紫外线经过过滤掉有害射线后相比直接的太阳紫外线要健康很多。人工美黑的方法是通过人工美黑霜或古铜防晒产品来实现。

第二点值得注意的是，在涂抹油彩之前要考虑到比赛环境的气温、湿度。值得一提的细节是在比赛的前一天要在运动员身上涂抹油彩底色，这样能让身体更好地吸收油彩，使油彩与肤色完美融合，然后比赛当天再次补色，使肌肉线条更加明显，同时带给人们的视觉震撼会更强。

（二）健美油彩

1. 健美彩油的涂抹方法

（1）用手指将彩油以 3~5 厘米的相隔距离点状涂抹于皮肤上。

（2）用手掌将彩油涂抹开，就像抹润肤露一样。本产品容易涂抹开，不需要特别的用力。

（3）涂抹完后，用手掌轻拍皮肤以使颜色均匀覆盖在皮肤上，这个步骤非常重要不能忽略，继续"涂抹和轻拍"的过程直到全身上色。

（4）如果想获得更深的颜色，需再涂上更多的彩油。

（5）脸部只需使用少量的彩油，直到完全覆盖脸部皮肤。注意，脸部的颜色应该比身体的稍浅。

（6）全身涂抹彩油需要 15~30 分钟。虽然上色可以更快地完成，为了最好的效果请不要过于匆忙。另外，最好涂抹后有5~10 分钟的"附着"时间以取得最好的效果。

2. 健美油彩注意事项

（1）如果觉得有必要可以先使用免晒美黑油或助黑太阳油以获得更自然的古铜底色。

（2）穿着深色或者黑色的比赛裤。

（3）在上台比赛前一小时使用。

（4）在热身前以及阴凉的地方使用。

（5）确认使用前皮肤是干燥的（没有流汗）。

（6）在轻拍前确认产品已经很好地涂抹而且可以很好地附着在皮肤上。

（7）如果是自己涂抹，按照从脚到小腿到其他部位的顺序。

（8）涂在脸上只需要很少的分量。

（9）完成上色后，不要穿衣服，以及避免接触任何有可能刮走身上颜色的物体。

（10）脱色时，先使用纸巾进行擦拭，再用肥皂和水清洗会比较容易、快速去色。

四、良好的心理素质

健美运动员在经历减脂备赛期以后，生理和心理都处于一个疲劳的状态，会出现赛前焦虑。在这个过程中，运动员在台上比赛的不仅仅是身体的肌肉围度和线条，更多的是精神状态。

五、健美竞赛的制胜总结

（一）匀称、协调而发达的肌群（影响裁判给分的关键）

（二）清晰的肌肉线条（例如，臀大肌和胸大肌拉丝）

（三）音乐和技术造型的完美融合（这是健美比赛中制胜的法宝之一）

第三节　赛前准备工作

一、赛前训练

这段时间应该以有氧训练和拉线条为主。有氧训练可以每天一次，也可以增加到每天早晚各一次，每次 40 分钟左右，但不要超过 60 分钟。赛前为加强肌肉线条训练，除了饮食调整外，主要靠特殊的训练手段来解决，一是增加每组训练次数，12~15 次为宜，重量可适当减轻。二是结合参赛项目的特殊要求加强专项系统训练。

（一）举例说明

多里安·耶茨是碳水化合物摄入的倡导者，他在非赛季时保持相对较高的碳水化合物的摄入，在比赛前，每天也要摄入 400~500 克的碳水化合物。"如果不摄入碳水化合物，我的训练和肌肉都好像缺点什么，尤其是训练强度和重量直接受到影响""当然，也不能太多，否则脂肪含量会升高"。由此可见，赛前的饮食中，碳水化合物不能太少，而且蛋白质的摄入量应该提高。

（二）赛季的训练

赛季的训练可参考表 6-1 的方法。

表 6-1 赛季的训练

时间＼日期	周一	周二	周三	周四	周五	周六	周日
上午	有氧	有氧，小臂肌群	有氧，臀大肌	有氧	有氧	有氧	有氧
下午	胸大肌	肱二头肌，肱三头肌	股四头肌，股二头肌，小腿三头肌	腹直肌，内外斜肌	三角肌，斜方肌	背阔肌，竖脊肌	有氧，腹部

注：训练的次数做到力竭即可，训练的重量不宜过重，训练的强度与非赛季保持一致。

二、确定参赛项目（级别）

（一）男子项目

1. 健身先生

健身先生项目将形体轮、运动服装轮和华服展示轮比赛累计排名分按 4 : 3 : 3 的比例相加即得决赛积分。按决赛排名分排定运动员名次，决赛排名分分值低者名次列前。若排名分相等，则决赛中的形体轮得分低者名次列前，若再相同，则以形体轮低分值者名次列前，若再相同，以运动员服装轮得分值低者名次列前。以此类推。不得出现并列名次。

2. 男子健体

男子健体分为身高 175 厘米（含）以下；身高 175~180 厘米（含）；身高 178 厘米以上。

男子健体的运动员身高不限，但是要分级别参赛。一般来说男子健体运动员的运动水平偏高，有明显的训练痕迹，行为举止优雅而有力量。

3.男子古典健美

（1）身高 165 厘米（含）以下，体重（公斤）≤ [身高（厘米）–100]+0（公斤）

（2）身高 165~168 厘米（含），体重（公斤）≤ [身高（厘米）–100]+1（公斤）

（3）身高 168~171 厘米（含），体重（公斤）≤ [身高（厘米）–100]+2（公斤）

（4）身高 171~175 厘米（含），体重（公斤）≤ [身高（厘米）–100]+4（公斤）

（5）身高 175~180 厘米（含），体重（公斤）≤ [身高（厘米）–100]+6（公斤）

（6）身高 180~190 厘米（含），体重（公斤）≤ [身高（厘米）–100]+8（公斤）

（7）身高 190 厘米以上，体重（公斤）≤ [身高（厘米）–100]

男子古典健美适合身高较低和身高较高的人参加，而且要求参赛者有较高的训练水平和明显的训练痕迹，身体各部位的肌肉线条流畅、有美感，上身和下身的比例要标准，不能上身太长，也不能下身太长。同时要求有一定的肌肉围度。

4.男子传统健美

按年龄分成三个组别，即：青年组、成年组、元老组。

（1）青年男子组：18 周岁（含）至 23 周岁（含）

（2）成年男子组：50 周岁以下（不含 50 周岁）

（3）男子元老组：50 周岁以上（含 50 周岁）

男子传统健美的具体级别：

（1）青年男子组

75 公斤以下级：体重 ≤ 75 公斤；

75 公斤以上级：体重 > 75 公斤。

（2）成年男子组

60 公斤级：体重 ≤ 60 公斤；

65 公斤级：60 公斤 < 体重 ≤ 65 公斤。

70 公斤级：65 公斤 < 体重 ≤ 70 公斤。

75 公斤级：70 公斤 < 体重 ≤ 75 公斤。

80 公斤级：75 公斤 < 体重 ≤ 80 公斤。

85 公斤级： 80 公斤 < 体重 ≤ 85 公斤。

90 公斤级：85 公斤 < 体重 ≤ 90 公斤。

90 公斤以上级：体重 > 90 公斤。

男子传统健美的参赛者必须有很高的训练水平，身体各个肌群要发达且有力量，同时具有一定的美感，要求身体完美比例的同时还需要肌肉的围度。

（二）女子项目

1. 女子健体

女子健体分为身高 158 厘米以下（含）；身高 158~163 厘米（含）；身高 163 厘米以上。

要求参赛者具有较好的训练水平和较强的训练痕迹，女子健体这项运动不仅要体现女子的柔美，还要体现身体的健康与肌肉的美感。

2. 女子比基尼健身

女子比基尼健身比赛按身高分为 A 组（身高 165 厘米含以下）和 B 组（身高 165 厘米以上）。

这项比赛要求参赛者身高较高，身材匀称、丰满，双腿修长而性感，整个身体呈"S"形最佳，并且运动员气质较好，自信心足。

三、造型训练

比赛前的造型训练和音乐选择会直接影响到比赛时的成绩。因此，造型训练很重要。

举例：就健身先生来说，在动作编排的时候可以加入舞蹈动作，可以进行激情昂扬的现代舞，也可以采用优美高雅的芭蕾舞，甚至可以采取体操表演来体现健身先生的特点。

男子古典健美、男子传统健美的自由展示环节可以选用和运动员性格、思想有共鸣的音乐作为背景音乐，如爵士乐、抒情乐，甚至现代人喜爱的摇滚乐和流行乐等。在动作编排上可以采用芭蕾舞蹈，优美而高雅，更可以加入流行元素，如机械舞、街舞等，现场气氛一触即发。例如，美国著名健美运动员凯·格林在自由展示的时候会加入一些风格迥异、动作夸张的舞蹈，既展示出力量、围度，又有艺术的美感和难度。近五年出现的健美巨星罗利·温克拉在动作展示时用到了流行元素，如机械舞、街舞。

女子健体自由环节的动作编排更能展现这个运动中女人的健康和性感，因此动作上也可以采取各种舞蹈和肢体动作，最好是既能看到女性的柔美，也能看到女性的力量和肌肉美。背景音乐可以根据编排的动作来确定。

第四节　竞赛状态

一、赛前准备

运动员在比赛出场前应做好准备活动，特别是赛前的热身训练（切记不能太早，或者热身过度导致身心疲惫）。赛前热

身的时候一定要注意用小重量热身，次数也不宜过多，可以按照从上到下依次热身。注意热身时的重点部位（胸、肩、背），热身时的器械以比赛场地的条件来决定。

二、临场指导

教练员临场指导时只需要在场下说一些鼓励运动员的话，以及提醒一些小的注意细节即可。例如，再次对运动员强调台上造型动作等。

运动员上场后，要充分自信，自然大方，如果动作做错也不要慌张，应尽快过渡到正确的动作中去。如果表演还未结束场上音乐突然停止，也不能手足无措，应继续把该做的动作完成。

第五节　赛后恢复

一、赛后总结

赛后进行总结，教练员对运动员的表现进行点评，运动员也应该说出自己的优点和不足。

二、恢复训练

一场比赛结束后运动员可以进行身心调整，例如，让自己去旅行放松，和朋友、亲人聚会等，然后重新回到训练的任务中来，为以后的比赛做准备。如果在赛后不注意饮食的调整，很容易让体重急速增加，对身体无益，腹部可能出现明显的脂肪堆积、水肿。赛后应该补充钾，喝适当的水，稍微做点有氧运动，饮食不能太放纵，以流食为主，让肠胃逐渐恢复。训练强度要先从小强度慢慢过渡到正常强度。

赛后积极进行身体能力恢复，可适当增加按摩、筋膜放松等手段，促进肌纤维的供血能力。

第七章
健美技术规则与竞赛的组织

　　经过多年来的发展，健美比赛从最初的传统健美，逐渐发展为多项目男、女均有参与的多元化项目。截至目前，健美比赛共包括男子传统健美、男子古典健美、男子健身先生、女子健身小姐、男子健体、女子健体、女子比基尼、女子美臀比赛等。

第一节　健美竞赛的组织

一、竞赛的进程

根据参赛人数进行预赛、半决赛、决赛。

1. 预赛

各单项各级（组）别参赛运动员超过 15 名时，须先进行预赛，选出 15 名运动员进入半决赛。

2. 半决赛

各单项各级（组）别参赛运动员超过 6 名（含 6 名）时，直接进行决赛。

3. 赛中限制

（1）运动员在赛台上不能咀嚼口香糖或食物。

（2）运动员在赛台上不能喝水或饮用其他液体。

（3）禁止运动员在赛台上为了展示臀大肌而提拉赛裤。

二、竞赛分组和级别

（一）竞赛分组

1. 健美

按年龄分成三个组别，即：青年组、成年组、元老组。

（1）男子青年组：18 周岁（含）至 23 周岁（含）。

（2）男子成年组：50 周岁以下（不含 50 周岁）。

（3）男子元老组：50 周岁以上（含 50 周岁）。

2. 混合双人组

3. 古典健美

4. 健体

（1）男子健体

（2）女子健体

（二）竞赛级别

1. 传统健美级别

（1）男子青年组：75 公斤以下级：体重 ≤ 75 公斤；75 公斤以上级：体重 > 75 公斤。

（2）男子成年组

60公斤级：体重≤60公斤。

65公斤级：60公斤<体重≤65公斤。

70公斤级：65公斤<体重≤70公斤。

75公斤级：70公斤<体重≤75公斤。

80公斤级：75公斤<体重≤80公斤。

85公斤级：80公斤<体重≤85公斤。

90公斤级：85公斤<体重≤90公斤。

90公斤以上级：体重>90公斤。

2. 男子古典健美级别

（1）身高165厘米（含）以下，体重（公斤）≤[身高（厘米）－100]+0（公斤）

（2）身高165~168厘米（含），体重（公斤）≤[身高（厘米）－100]+1（kg）

（3）身高168~171厘米（含），体重（公斤）≤[身高（厘米）－100]+2（公斤）

（4）身高171~175厘米（含），体重（公斤）≤[身高（厘米）－100]+4（公斤）

（5）身高175~180厘米（含），体重（公斤）≤[身高（厘米）－100]+6（公斤）

（6）身高180~190厘米（含），体重（公斤）≤[身高（厘米）－100]+8（公斤）

（7）身高190厘米以上，体重（公斤）≤[身高（厘米）－100]+9（公斤）

3. 健体比赛组

（1）女子健体

身高158厘米以下（含）；身高158~163厘米（含）；身高163厘米以上。

（2）男子健体

身高 175 厘米（含）以下；身高 175~180 厘米（含）；身高 178 厘米以上。

第二节　健美裁判工作程序

一、预赛

1.运动员按签号顺序入场，在裁判员的引导下站位。

2.按签号顺序，依次以不超过 8 名运动员为一组进行规定动作比赛。

二、半决赛

1.运动员按签号顺序依次入场，介绍运动员，在裁判员的引导下站位。

2.按签号顺序，每组不超过 8 名运动员站在赛台中央，集体做规定动作。

3.比较评分

根据裁判员提名，排名前 5 名、第 6~10 名以及第 11~15 名的运动员面向裁判员进行规定动作展示与评比。每组参与评比的运动员不能少于 3 人，不得多于 8 人。

4.全体运动员按号序站成一排，退场。

三、决赛

（一）规定动作

1.参加决赛的运动员按号码顺序逐一入场，介绍运动员信

息，按指定路线行走进行个人展示，分别行进至赛场一侧站立。

2.在赛台中央站成一排，按要求进行比赛。

3.全体运动员按号序站成一排，退场。

（二）自选动作、特长展示

自选动作、特长展示等按号码顺序逐一上场进行展示。

第三节 健美比赛的评分办法和技术动作评判标准

一、健美比赛的评分办法

（一）预赛

根据临场评分裁判员选出的各级(组、队)别的前15名运动员进入半决赛。如在第15名的排位上有2名或2名以上运动员的入选次数相等时，则须进行比较淘汰，直至选定。

（二）半决赛

1.同级(组)别排名分分值低的前6名运动员(队)进入决赛。

2.健美、古典健美、健体、形体、健身比基尼项目出现排名分值相等时，低分值多则名次前列。

3.健身：形体轮与运动特长轮得分之和按5∶5比例相加即为半决赛得分，得分少者名次列前。

4.健身：形体轮与运动特长轮得分之和按5∶5比例相加即为半决赛得分，得分少者名次列前。出现得分相等时，形体轮总分相等以形体轮比赛得分低分值多者名次列前。

（三）决赛

1.按每名运动员在各轮比赛中的排名分相加，得决赛排名分。排名分值低者名次列前。

2.健美、古典健美、女子健体项目规定动作轮与自选动作轮排名2∶1的比例相加即得比赛排名分。按决赛排名分的多少排定运动员名次，决赛排名分分值低者名次前列。如排名分相等，以规定动作低分值多者名次列前；仍相等，以决赛中自选动作低分值多者名次列前；若再相等，则以半决赛中低分值多者名次前列。不得出现并列名次。

3.健身项目将形体、运动特长表演和晚装展示轮比赛累计排名分按5∶4∶1的比例相加即得决赛排名分。按决赛排名分排定运动员名次，决赛排名分分值低者名次列前。若排名分相等，则以决赛中的形体轮得分低者名次前列；若再相等，则以形体轮小分值多者名次列前；再相同，以运动特长轮得分分值低者名次列前。依次类推，不得出现并列名次。

4.形体、男子健体、健身比基尼项目按决赛排名分排定运动员名次，决赛排名分分值低者名次列前。如排名分相等，以决赛中低分值多者名次列前。不得出现并列名次。

5.健身模特项目将形体、运动服装轮和华服展示轮比赛累计排名分按4∶3∶3的比例相加即得决赛积分。按决赛排名分排定运动员名次，决赛排名分分值低者名次列前。若排名分相等，则决赛中的形体轮得分低者名次列前；若再相同，则以形体轮小分值多者名次列前；若再相同，以运动员服装轮得分值低者名次列前。以此类推，不得出现并列名次。

二、健美比赛技术动作的评判标准

（一）男子传统健美

1. 前展双肱二头肌

（1）技术标准

面向裁判员，双腿开立，身体重心移至支撑腿。吸腹成空腔，抬起双臂，弯曲肘部略高于肩，两手握拳，屈腕，用力收缩双侧肱二头肌及全身肌肉。

（2）评判标准

①肌肉质量、整体发达程度以及尖峰高度。

②肌肉清晰度、分离度明显。

③肱二头肌与身体其他各部位肌群发展均衡、协调。

④整体造型规范、美观。

2. 前展双背阔肌

（1）技术标准

面向裁判员，双脚平行站立，吸腹成空腔，两手握拳分开拇指交叉按于腰部，用力扩展双侧背阔肌并收缩全身肌肉。

（2）评判标准

①肌肉宽阔、厚实，力度感强，形状美观。

②肌肉整体呈"V"字形状，清晰度明显。

③与身体其他部位肌肉群发展均衡、协调。

④整体造型规范、美观。

3. 侧展胸部

（1）技术标准

侧向（以右侧为例）裁判员站立，右腿弯曲，前脚掌着地，右手握拳，左手握住右手手腕，屈肘，吸腹挺胸，用力收缩胸部、小腿及全身肌肉。

（2）评判标准

①胸大肌宽阔、厚实，力度感强，形状美观。

②肌肉分离度、清晰度明显。

③与肩部、肱二头肌、大腿、腹部肌肉群发达程度一致，比例协调。

④整体造型规范、美观。

4. 后展双肱二头肌

（1）技术标准

背向裁判员站立。两腿开立，单膝屈膝后移，前脚掌点地。抬起双臂，弯曲肘部略高于肩，两手握拳，屈腕，用力收缩双侧肱二头肌及全身肌肉。

（2）评判标准

①肱二头肌尖峰明显，轮廓清晰，形态美观。

②与肱肌、肱三头肌和三角肌间分离度明显。

③背面相关肌群高度发达、均衡。

④整体造型规范、美观。

5. 后展双背阔肌

（1）技术标准

背向裁判员，双脚平行站立。吸腹含胸，两手臂握拳分开拇指交叉按于腰部，用力扩展双侧背阔肌并收缩全身肌肉。

（2）评判标准

①背阔肌宽阔、厚实、质量高、下缘清晰。

②背阔肌呈"V"字形状，肌肉均衡、协调，形状美观。

③相关肌群发达、均衡、线条清晰，形态完美。

④整体均衡，造型规范、美观。

6. 侧展肱三头肌

（1）技术标准

侧向 (以左侧为例) 裁判员站立，左侧腿部微屈膝，支撑身体重心，右腿屈膝后移，前脚掌撑地。左臂垂于体侧，右手经体后握住左手 (腕)，用力收缩肱三头肌及全身肌肉。

（2）评判标准

①肱三头肌整体发达，与三角肌分离度清晰，形状美观。

②相关肌肉群发达、均衡、线条清晰，形态完美。

③整体协调，造型规范、美观。

7. 前展腹部与腿部

（1）技术标准

面向裁判员站立，单腿前伸，身体重心至于另一条腿上，屈膝，双手置于头后，用力呼气，压缩腹部，收缩腿部及全身肌肉。

（2）评判标准

①腹直肌、腹外斜肌发达，块垒清晰、突出。

②大腿肌肉发达、饱满，肌肉分离度清晰。

③身体各部位肌群发展均衡。

④整体造型规范、美观。

（二）男子古典健美

1. 四个向右转体技术标准及评判标准

（1）技术标准

运动员自然站立，吸腹挺胸，头部正直，两眼平视前方，两臂自然下垂于体侧，身体各部位肌肉不得过度收缩，从前、后、左、右四个方位展示体形。

（2）评判标准

①先天骨架发育良好，肩宽、腰细、腿直，身体中心线中正，头、四肢和躯干的比例协调。

②全身肌肉发展均衡，左右对称、前后对应，各部位肌肉发达、饱满，线条清晰。

③皮肤光洁、色泽适中，没有外科手术或其他疤痕、斑点、痤疮或纹身等。

2. 规定动作技术标准及评判标准

（1）前展双肱二头肌

技术标准

面向裁判员，两腿开立，身体重心移至支撑腿。吸腹成空腔，抬起双臂，弯曲肘部略高于肩，两手握拳，弯腕，用力收缩双侧肱二头肌及全身肌肉。

评判标准

①肌肉质量、整体发达程度以及尖峰高度。

②肌肉清晰度、分离度明显。

③肱二头肌及身体其他各部位肌群发展均衡、协调'

④整体造型规范、美观。

（2）前展双背阔肌

技术标准

面向裁判员，双脚平行站立。吸腹成空腔，两手臂握拳分开拇指叉按于腰部，用力扩展双侧背阔肌并收缩全身肌肉。

评判标准

①肌肉宽阔、厚实，力度感强，形状美观。

②肌肉整体呈"V"字形状，清晰度明显。

③与身体其他部位肌肉群发展均衡、协调。

④整体造型规范、美观。

（3）侧展胸部

技术标准：

侧向（以右侧为例）裁判员站立，右腿弯曲，前脚掌着地，右手紧握拳，左手握住右手腕，屈肘，吸腹挺胸，用力收缩胸部、小腿及全身肌肉。

评判标准

①胸大肌宽阔、厚实，力度感强，形状美观。

②肌肉分离度、清晰度明显。

③与肩部、肱二头肌、大腿、小腿肌群发达程度一致，比例协调。

④整体造型规范、美观。

（4）后展双肱二头肌

技术标准

背向裁判员站立，双腿开立，单腿屈膝后移，前脚掌点地。抬起双臂，弯曲肘部略高于肩，两手握拳，屈腕，用力收缩双侧肱二头肌及全身肌肉。

评判标准

①肱二头肌尖峰明显，轮廓清晰，形态美观。

②与肱肌、肱三头肌、三角肌间分离度明显。

③背面相关肌群高度发达、均衡。

④整体造型规范、美观。

（5）后展双背阔肌

技术标准

背向裁判员，双腿平行站立。吸腹含胸，两手握拳分开拇指叉按于腰部，用力扩展双侧背阔肌并收缩全身肌肉。

评判标准

①背阔肌宽厚、厚实，质量高，下缘清晰。

②背阔肌呈"V"字形状，肌肉均衡、协调，形状美观。

③相关肌群发达、均衡，线条清晰，形态完美。

④整体均衡，造型规范、美观。

（6）侧展肱三头肌

技术标准

侧向（以左侧为例）裁判员站立，左侧腿部微屈膝，支撑身体重心，右腿屈膝后移，前脚掌撑地。左臂垂于体侧，右手经体后握住左手（腕），用力收缩肱三头肌及全身肌肉。

评判标准

①肱三头肌整体发达，与三角肌分离度清晰，形状美观。

②相关肌群发达、均衡，线条清晰，形态完美。

③整体协调，造型规范、美观。

（7）前展腹部和腿部

技术标准

面向裁判员站立，单腿前伸，身体重心置于另一条腿，屈膝，双手置于头后，用力呼气，压缩腹部，收缩腿部及全身肌肉。

评判标准：

①腹直肌、腹外斜肌发达，块垒清晰、突出。

②大腿肌肉发达、饱满，肌肉分离度清晰。

③身体各部位肌群发展均衡。

④整体造型规范、美观。

3. 自选动作比赛技术标准及评判标准

（1）比赛技术标准

由各种造型动作组成的配乐动作组合。动作数量不限，但需包括全部规定动作，造型动作要有停顿，动作衔接应自然、流畅。

（2）比赛时间

男子个人为 60 秒。

（3）音乐

运动员抽签时提交光盘或信息完全的通用格式音频文件，光盘或文件中只应录存一首音乐。无自备音乐的运动员由大会提供备用音乐。集体不定位自由造型音乐由大会提供。音乐中禁止使用亵渎、低俗或辱骂性语言。

（4）评判标准

动作编排主题突出，配乐感染力强，动作完整、规范、流畅，形体展示艺术性强，富有节奏感和美感。

（5）全场冠军

全场冠军比赛只进行规定动作比赛和集体不定位自由造型的展示，程序、内容及技术标准、评判标准与决赛相同。

（三）女子健体

1. 女子健体比赛程序和内容

（1）预赛

运动员按签号顺序入场，在裁判员的引领下站位。按签号顺序，依次以不超过 8 名运动员为一组进行四个规定动作的比赛，四个规定动作为前展双肱二头肌，侧展胸部、后展双肱二头肌、侧展肱三头肌。

（2）半决赛

参加半决赛的运动员按签号顺序入场。介绍运动员。运动员呈单行并按签号排列，自然站立，坐四个向右转体。运动员分成人数相等或相近的两组分别站在赛台的两侧，赛台中间空出。按签号顺序，提请不超过 8 名运动员站在赛台中央，集体做前展肱二头肌、侧展胸肌、后展肱二头肌、侧展肱三头肌。比较评分根据裁判员提名，排名前 5 名、第 6~10 名以及第

11~15 名的运动员面向裁判员进行规定动作的展示和评比。每组参与比较评分的运动员不少于 3 人，不得多于 8 人。比较评分内容为四次向右转体和四个规定动作（前展双肱二头肌、侧展胸部、后展双肱二头肌、侧展肱三头肌）。全体运动员按序号站成一排，退场。

（3）决赛

运动员按签号入场，介绍运动员。运动员依次进行四次向右转体和前展双肱二头肌、侧展胸部、后展双肱二头肌、侧展肱三头肌动作。交换站位，再次进行四次向右转体和四个规定动作。在规定动作后集体做 30~60 秒不定位的自由造型表演。运动员按签号顺序逐个入场，在自选音乐的伴奏下进行自选动作的比赛。

2. 规定动作技术标准及评判标准

（1）四个向右转体

技术标准：运动员双脚双膝并拢，自然站立，吸腹挺胸，头部正直，两眼平视前方，两臂自然下垂与体侧，身体各部位肌肉不得过度收缩，从前、左、后、右四个方位展示形体。

评判标准

①先天骨架发育良好，肩宽、腰细、腿直，身体中心线中正，头、四肢和躯干的比例协调。

②肌肉匀称发达，线条清晰。

③皮肤光洁、色泽适中，没有外科手术或其他疤痕、斑点、痤疮或纹身等。

④在赛台上站立时仪态端正，行走时姿态优美、自信。

（2）规定动作及评判标准

1）前展双肱二头肌

技术标准

面向裁判员站立，双腿开立，一侧脚掌撑地。吸腹成空腔，抬起双臂，弯曲肘部略高于肩，两手手指分开造型，用力收缩双肱二头肌及全身肌肉。

评判标准

①肌肉质量、饱满程度以及尖峰高度。

②肌肉轮廓明显。

③肱二头肌与身体其他各个部位肌群发展均衡、协调。

④造型规范、美观。

2）侧展胸部

评判标准

（1）胸大肌饱满、美观。

（2）胸部、肩关节联系处分界明显、圆润。

（3）肩部、肱三头肌、臀、大腿及小腿肌群轮廓清晰，与胸部比例适宜。

（4）整体造型规范，凹凸有致，性别特征明显，形体美观，姿态优美。

3）后展双肱二头肌

（1）技术标准

背向裁判员站立，双腿开立，一侧脚掌撑地。吸腹成空腔，抬起两臂，弯曲肘部略高于肩，两手手指分开造型，用力收缩双肱二头肌及全身肌肉。

（2）评判标准：

①肱二头肌轮廓清晰，形态美观。

②与肱二头肌、肱三头肌、三角肌间分离度明显。

③背面相关肌群适度发达、均衡。

④整体造型规范、美观。

4）侧展肱三头肌

（1）技术标准

侧向（以左侧为例）裁判员站立，右腿弯曲，左腿前伸、脚掌着地，左臂垂于体侧，右手经体后握住左手（腕），用力收缩肱三头肌及全身肌肉。

（2）评判标准

①肱三头肌适度发达，形状美观。

②相关肌群轮廓清晰。

③整体协调，造型规范、美观。

3. 自选动作比赛规定及评判标准

（1）比赛技术标准

比赛技术标准是由各种造型动作组成的配乐动作组合，动作数量不限，但须包括全部规定动作，造型动作要有停顿，动作衔接自然、流畅。

（2）比赛时间

女子个人为 60 秒。

（3）音乐

运动员抽签时提交光盘或信息完全的通用格式音频文件，光盘或文件中只应录存一首音乐，无自备音乐的运动员由大会提供备用音乐。集体不定位自由造型音乐由大会提供，音乐中禁止使用亵渎、低俗和辱骂性语言。

（4）评判标准

动作编排主题突出，配乐感染能力强，动作完整、规范、流畅，形体展示艺术性强，富有节奏感和美感。

4. 全场冠军

全场冠军比赛只进行规定动作比赛和集体不定位自由造型的展示，程序、内容及技术标准、评判标准与决赛相同。

（四）男子健体

1. 规定动作技术标准及评判标准

（1）技术标准

①正面站立　运动员面向裁判，自然站立，吸腹挺胸，头部正直，两眼与头部、身体同方向平视前方。身体重心落在支撑腿部，同侧臂屈手放置于腰臀侧，另一侧腿侧伸，前脚掌撑地，同时臂微屈肘自然下垂与体侧，适度扩展背阔肌。

②左侧向站立　由正面站立向右转体 90 度呈左侧向站立。上身略左转面向裁判，左腿微曲支撑身体重心，左手放（叉）置于左髋臀部，右膝弯曲后伸，前脚掌撑地，右臂微屈肘，右手分指造型垂直与体前，适度收紧相关肌肉。

③背向站立　由左侧向站立向右转体 90 度呈北线裁判站立，头部正直，两眼与头部、身体同方向平视前方。身体重心落在支撑腿部，同侧臂屈肘，手置于腰臀侧，另一侧腿侧伸，前脚掌撑地，同侧臂微屈肘自然下垂与体侧，适度扩展背阔肌。

④右侧向站立　由背面站立向右转体 90 度，上身略右转面向裁判，右腿弯曲支撑身体重心，右手放（叉）置于右髋臀部，左膝弯曲后伸，前脚掌撑地，左臂微屈肘、左手分指造型垂置于体前，适度收缩相关肌肉。

（2）评判标准

①骨骼发育良好，肩宽、高胸、窄腰、腿直，身体中心线中正，头、四肢和躯干纵横向的比例协调。

②全身肌肉发展均衡，左右对称、前后对应，各部位紧致有型、饱满，轮廓清晰美观。

③皮肤光洁、色泽和谐、健康，没有外科手术和其他疤痕、斑点、痤疮或者纹身等。

④四个面向站立动作规范，行走自然、自信，节奏合理。

（五）女子形体

1. 规范动作技术标准

（1）四个向右转体

运动员双腿双膝并拢，自然站立，吸腹挺胸，头部正直，两眼平视前方，两手臂自然下垂与体侧，身体各个部位肌肉不得过分收缩，从前、左、后、右四个方位展示体形。

（2）定位造型

运动员按签号顺序在规定的路线上行走，并以此在规定的地点做形体造型动作，每个位置上的形体造型动作不得超过两个，定位造型动作中必须包括前左后右四面的形体造型动作。

2. 评判标准

（1）骨骼

先天骨骼发育良好，肩宽、腰细、腿直，身体中心线中正，头、四肢和躯干的比例协调。

（2）形体

正、背面呈"V"字形状，侧观身体"S"形曲线适度，性别特征明显，各部分比例匀称，富有美感。

（3）肌肉

适度发达，轮廓明显。

（4）皮肤

紧致、肤色健康。皮肤光滑、匀称，没有脂肪团/橘皮组织、外科手术或其他疤痕、斑点、痤疮或纹身等。妆容得体、端庄。

（5）步态

自然、优雅、节奏准确。性别特征突出，造型动作优美。

整个过程表现自信、镇定。

（六）健身先生

1. 比赛服装

（1）运动特长轮服装规定

健身先生、健身小姐运动特长轮的表演服装得体，式样、颜色和是否穿拖鞋不限。

（2）礼服展示轮服饰规定

健身先生西装、健身小姐晚装及混合双人礼服展示轮的服装必须符合正（晚）装礼服款样规定，服装的颜色和鞋的式样、颜色不限。

2. 规定动作技术标准和评判标准

健身先生和健身小姐形体轮比赛，规定动作技术标准和评判标准内容相同。

（1）技术标准

①四个向右转体（同形体）。

②定位造型（同形体）。

（2）评判标准

①先天骨骼发育良好，肩宽、腰细、腿直，身体中心线中正，头、四肢和躯干的比例协调。

②形体：正、背面呈"V"字形状，侧观身体"S"形曲线适度，性别特征明显，各部分比例匀称，富有美感。

③肌肉：线条清晰，轮廓明显。

④皮肤：肤色健康。皮肤紧致、光滑、匀称，没有脂肪团（橘皮组织）、外科手术或其他疤痕、斑点、痤疮或纹身等。妆容得体、端庄。

⑤步态：自然、优雅，节奏准确。性别特征突出，造型动

作优美。整个过程表现自信、镇定。

3.运动特长比赛技术标准及评判标准

（1）技术规定

1）表演

①运动员在赛台的不同区域，以及各种身体运动形式展示运动技能和综合运动能力。运动员可使用辅助表演的道具，禁止使用存在安全隐患和有可能将物品材料遗落在赛台的道具，赛台在使用前后必须保持干净。

②表演时间限定为不超过90秒。

2）评判标准

①编排：整套动作编排结构完整、内容健康，动作选择符合运动员特点，具有新颖性、艺术性和独特性。

②音乐：音乐的选配与动作风格吻合，音乐主题积极、健康，音乐制作完整、声音清晰。

③动作完成：a.整套动作与音乐风格、节奏吻合。b.主题突出，有激情，富有表现力。c.体现运动员的综合运动能力，动作套路中应包括：力量型动作，如支撑分腿、并腿各种造型，单臂俯卧撑等。柔韧性动作，如高踢腿、横叉、竖叉等。协调、控制类动作，如各种位移、跳跃、翻转动作等。

4.晚（正）装展示规定及评分标准

（1）技术标准

运动员按规定的位置站立，并按规定的路线行走和做定位造型。

（2）评判标准

①服装：与运动员的气质相符。

②形象：五官端正，化妆、发型、服饰相融。

③气质：高雅（阳刚）、大方。

④仪态：仪容端庄、健康，步态、站姿自然、优雅、有特质。

（七）女子比基尼

1. 规定技术动作标准

（1）技术动作

运动员吸腹挺胸、提臀、头部正直，肩膀向后打开，两眼与头部、身体同方向平视前方站立。髋部侧移，同侧手叉（置）于髂嵴上。另一侧手微向前侧方移动，前脚掌撑地。同侧指、掌造型，手、身体重心、髋部和手指适时交替移动。

（2）左侧向站立

运动员向右转体90度，身体左侧转向裁判席，上身略左转，头部正直，目视裁判。右腿膝部伸直、全脚掌着地站立，右手叉（置）右髂嵴，收腹挺胸，提升左髋，左腿膝关节微屈，左脚略前伸，前脚掌撑地。左手指、掌造型，左臂微屈，自然下垂于身体中心线左后侧。

（3）背向站立

运动员右转体90度，将背部正对裁判，双脚略小于肩宽开立，双膝伸直，双臂自然下垂与身体两侧，掌心向下，或与地面平行，双肩后展。腰椎自然弯曲或轻微前凸，上背挺直，抬头。上身和头始终面向背幕，不得扭转向裁判。

（4）右侧向站立

运动员向右转体90度，身体右侧转向裁判席，上身略右转，头部正直，目视裁判。左脚膝部伸直、全脚掌着地站立，左手叉（置）于髂嵴上，收腹挺胸，提升右髋，右腿膝关节微屈，右掌略前伸，前脚掌撑地。右手指、掌造型，右臂微曲，自然下垂于身体中心线右后侧。

2. 行走定位造型

（1）行走步态

运动员在规定的路线上行走时，必须采用自然步态。

（2）定位展示

运动员按签号顺序在规定的路线上行走，并以此在规定的位置上做形体造型动作。

3. 评判标准

（1）体形

骨架发育良好，形体匀称，头、躯干及四肢纵横向比例协调。

（2）肌肉

形态紧致，外形美观。

（3）皮肤和肤色

皮肤健康、光滑、有弹性，没有脂肪球 / 橘皮组织及外科手术疤痕、斑点、痤疮或纹身等。

（4）仪态

步态、站姿优雅，节奏自然，表演技艺纯熟。仪容端庄，形象健康、自然，富有个性魅力。

4. 全场冠军

全场冠军比赛展示，程序、内容及动作技术标准、评判标准与决赛相同。

第四节 裁判员的组成与职责

一、裁判员的组成

裁判员的组成对于健美运动的公开、公平、公正性有着举

足轻重的地位，因此裁判员的组成与裁判员的职责将显得格外的重要，裁判员应由不同地区的人员组成，以保证比赛的公平性。

1. 仲裁委员会

要求：主任 1 名，副主任 1~2 名，委员 2~3 名，总人数成单数。

2. 裁判长

要求：总裁判长 1 名，副总裁判长 1~2 名。

3. 评分裁判

要求：裁判 5~15 人，后备裁判若干人，同场裁判不得有 2 名以上相同地区的裁判员。

4. 记录组

要求：记录长 1 名，记录员 2~4 名。

5. 检录组

要求：检录长 1 名，检录员 2~4 名。

6. 计时放音组

要求：组长 1 名，成员 1~3 名。

7. 宣告员

要求：1~2 名。

二、裁判员的职责

（一）仲裁委员会的职责

1. 保证《健美竞赛规则、健美竞赛裁判法》和《健美竞赛规程》的有效实施。

2. 对裁判员进行考核，保证比赛的公平、公正。

3. 监督裁判委员会的工作。任何仲裁委员会成员不得干预裁判员的正常工作，否则将由仲裁委员会撤换其职务。

4. 仲裁委员会一经发现裁判员有违反《裁判员守则》的行为，有权向裁判长建议取消其裁判资格，并收回裁判证书。若裁判长或副裁判长有同样违规行为，经仲裁委员会同意并报请大会主委会取消其职务，同时收回其裁判证书。

（二）裁判长的职责

1. 组织裁判员学习，制订竞赛程序和工作计划，明确裁判员的分工。

2. 主持技术会议，对竞赛相关问题做诠释。

3. 赛会期间，负责布置和检查场地、器材设备、灯光系统以及音响效果等方面的工作。

4. 协助仲裁委员会处理竞赛中发生的有关裁判工作方面的重大问题。

5. 负责检查磅秤或丈量身高量具。

6. 负责称量运动员体重或丈量身高，并检查比赛服装和皮（凉）鞋。

7. 竞赛中指挥各裁判组工作。

8. 负责检查裁判员提交的运动员比赛名单和评分结果。

9. 裁判长无权更改运动员名次。

10. 经与仲裁委员会会商，有权撤换不称职的裁判员。

11. 竞赛结束后，做好竞赛工作总结。

（三）副裁判长职责

1. 协助裁判长做好各项工作，在裁判长临时缺席时可代行其职务。

2. 协助裁判长监督裁判组工作。

（四）裁判员职责

1. 裁判员必须经过裁判业务学习和考核，合格后才能担任裁判工作。

2. 必须精通《健美竞赛规则、健美竞赛裁判法》，熟悉《健美竞赛规程》。

3. 竞赛中执行裁判工作。

4. 在执行裁判工作和赛会期间，不得与运动队成员交谈有关评分及名次评定情况。

5. 裁判员不得兼任领队、教练职务。

6. 在一个级别的竞赛尚未结束之前，不得提出更换要求。

7. 竞赛期间不得饮用含有酒精的饮料。

8. 不准在执行裁判工作过程中拍照或交谈。

（五）评分裁判员职责

1. 竞赛中对运动员进行评分。

2. 认真填写评分表。

3. 赛会期间不准与运动队成员交流评分情况。

4. 每组（级）的评分准确率（采用差额 +–1 的计算法）要求达到70%以上。

（六）记录长职责

1. 准备各项竞赛用表和用品。

2. 执行技术会议的有关决定。

3. 处理运动员更换、级别调整等事宜。

4. 负责抽签、安排竞赛场次和向裁判组通报当日竞赛情况。

5. 协助裁判长搞好有关竞赛的准备工作，审核记录员的计算、统计和填写的各种表格，处理有关记录工作中所发生的问题。

6. 比赛结束后，及时向大会竞赛处送交成绩单。

7. 协助竞赛处编制成绩册，负责整理各种竞赛资料，并送交有关部门归档。

（七）记录员职责

1. 协助记录长准备各项竞赛用表，做好竞赛记录工作。

2. 负责竞赛进程中各种表格的填写、统计运动员得分。

3. 向记录长交送参加半决赛和决赛的名单。

4. 比赛结束，请仲裁主任、裁判长在"运动员名次表"内签名。

5. 比赛结束，协助记录长整理、填写和装订成绩册，以及各种竞赛资料的归档工作。

（八）检录长职责

1. 组织检录人员的分工。

2. 召集运动员称量体重或丈量身高。

3. 召集运动员准时参赛。讲解有关注意事项，检查服饰、皮（凉）鞋，着色、搽油等事宜，当发现有不符合要求者令其纠正，违规者不准其参赛。

4. 若发现无故弃权的运动员或参赛人数有变动时，应立即向裁判长报告。

5. 协助发奖工作，发现罢奖的运动员，应立即向裁判长报告。

（九）检录员职责

1. 服从检录长的工作安排。

2. 协助做好各项竞赛工作。

（十）计时员职责

1. 把握好运动员的比赛时间。

2. 负责准备和保管计时用具。

（十一）放音员职责

1. 检查音响设备。

2. 收集和检查运动员的自由造型或特长表演音乐。

3. 及时准确地为自由造型或特长表演的运动员播放音乐。

4. 赛会期间，拒绝向任何人出借放音设备或复制运动员的自由造型或特长表演音乐。

5. 赛后及时归还借用物品及运动员的自由造型或特长表演音乐。

（十二）宣告员职责

1. 收集有关健美竞赛资料。

2. 宣告有关竞赛事项，宣传健美竞赛知识。

3. 介绍仲裁委员会成员和裁判员。

第五节　健美比赛的场地与器材

一、健美比赛的场地

1. 健美比赛要求在赛（舞）台上进行。赛台上必须挂有背幕和相应的赛台装置。

2. 赛台背幕必须是单一的深色。如：棕色、黑色、黑绿色、紫红色等，切忌勿用大红或其他浅色背幕。

3. 背幕高不得低于 6 米，宽不得少于 15 米。背幕上可设主办单位会徽和大赛会徽。

4. 底层台长 12 米，宽 4 米，高 1 米。

5. 表演台长为 9 米，宽 1.5 米，高 0.3 米，可制成拼接式。

6. 底层以上台面必须铺有浅色地毯。

7. 准备活动区域和后场至前场通道必须铺设地毯。

二、健美比赛的器材

1. 在健美比赛后场必须配置供运动员热身活动的器材。

2. 在丈量身高室和运动员的住地必须配置相同式样的标准量具。

3. 在称量体重室和运动员的住地必须配置相同式样的标准磅秤（弹簧秤除外）。

4. 场内音响效果必须达到演唱会或者歌唱的要求。

5. 赛台的灯光要求光照必须均匀，赛台和背幕不得有重影，同时要使用暖色灯，光照度不得低于 45 000 勒克司。

附　录

××××年全国健美健身冠军总决赛竞赛规程

一、比赛日期、地点

****年**月**日至**日在**省**市举行。

二、主办单位

国家体育总局社会体育指导中心、中国健美协会、**市人民政府。

三、承办单位

省社会体育指导中心、省健美协会、**市体育局、**股份有限公司

四、协办单位

市体育中心、赞助企业

五、参赛单位

各省、自治区、直辖市、计划单列市、新疆生产建设兵团体育局、行业体协、健美健身俱乐部、健美协会、有关大专院校、体育院系及个人。

六、比赛内容、分组及年龄规定

（一）比赛内容

健美

1.男子健美

设古典健美和传统健美

（1）古典健美

按身高、体重划分为五个级别：

身高168厘米（含）以下，体重（公斤）≤【身高（厘米）−100】+0（公斤）；

身高168~171厘米（含），体重（公斤）≤【身高（厘米）−100】+2（公斤）；

身高171~175厘米（含），体重（公斤）≤【身高（厘米）−100】+4（公斤）；

身高175~180厘米（含），体重（公斤）≤【身高（厘米）−100】+6（公斤）；

身高180厘米以上，体重（公斤）≤【身高（厘米）−100】+8（公斤）。

（2）传统健美

按体重划分为四个级别：

65公斤级：体重65公斤（含）以下；

75公斤级：体重65.01~75公斤（含）；

85公斤级：体重75.01~85公斤（含）；

85公斤以上级：体重85公斤以上。

2.女子健体：公开组

3.男子元老组：公开组

4.混合双人不分级（组）别

健身

1. 健身先生：公开组

2. 健身小姐

A 组：163 厘米（含）以下

B 组：163 厘米以上

3. 女子形休健身

A 组：163 厘米（含）以下

B 组：163 厘米以上

4. 女子比基尼健身

A 组：身高在 163 厘米（含）以下；

B 组：身高在 163~169 厘米（含）；

C 组：身高在 169 厘米以上。

5. 男子健体

A 组：身高在 174 厘米（含）以下；

B 组：身高在 174~178 厘米（含）；

C 组：身高在 178 厘米以上。

（二）年龄规定

年满 16 周岁的中国公民和获得在华工作资格的外籍公民可报名参赛。

元老组年龄为 ×××× 年 12 月 31 日（含）以前出生。

七、比赛办法

（一）比赛执行中国健美协会 ×××× 年《健美健身竞赛规则和裁判法》。

（二）各比赛项目按报名人数进行预赛、半决赛和决赛。

（三）男子健美比赛穿单色三角裤（赛裤两侧宽度不得小于 1 厘米），女子健体穿比基尼（预赛穿后交叉式单色比基尼，半决赛和决赛穿交叉式自选式比基尼）。

（四）健身先生和健身小姐比赛按以下方式进行：

1.预赛进行形体比赛；

2.半决赛进行形体、运动特长比赛；

3.决赛进行形体、运动特长（90秒）和晚（正）装展示。

4.健身先生形体轮穿黑色平角短裤，健身小姐形体轮穿后交叉式比基尼。

（五）女子形体健身比赛按以下方式进行：

1.预赛穿黑色比基尼进行形体展示；

2.半决赛、决赛穿自选比基尼进行形体展示。

（六）女子比基尼比赛按以下方式进行：

1.预赛穿自选比基尼进行形体展示；

2.半决赛、决赛穿自选比基尼进行规定路线行走和形体展示。

（七）男子健体比赛按以下方式进行：

1.预赛穿非紧身黑色齐膝短裤进行形体展示；

2.半决赛、决赛穿非紧身自选色齐膝沙滩裤进行形体展示。

（八）男子古典健美和传统健美分别产生全场冠军，男子健体和女子比基尼分别产生全场冠军。

（九）混双比赛可兼项，代表单位不限。

（十）其他比赛项目不可兼项。

（十一）丈量身高、称量体重和检录时对运动员的比赛服装、鞋、道具以及竞赛用油彩进行检查，不符合要求不允许参赛。

八、参赛办法

（一）参赛资格

1.××××年由中国健美协会主办的全国性赛事及亚洲赛事各组、级别前15名。

2.在中国健美协会备案的东北（吉林赛区）、西南（四川赛区）、华东（上海赛区）等组织的区域性健美健身比赛各项各组、级别前3名；

3.各省、自治区、直辖市健美健身比赛各项组、级别前3名的运动员。

4.获得中国健美协会优秀组织奖和全国比赛团体前8名的单位以及中国健美协会培训机构选派的运动员报名人数不限。

（二）每队领队、教练员报名人数不限。

（三）请参赛运动员登陆 http://××××进行运动员注册登记。注册登记客服电话：1××××

（四）各参赛单位自行办理比赛期间伤病意外事故保险（含往返赛区途中及在比赛期间可能发生的伤病），自行承担可能发生的医疗费用。

（五）参赛队需按时报到和参加赛前有关会议，无故缺席者视为放弃参赛。

（六）各组、级别不满6人合并组参赛，具体分组情况于赛前技术会议公布。

九、报名

（一）请参赛运动员登陆 http://××××进行系统报名。

中国健美协会地址：北京市东城区体育馆路9号231室，邮政编码：××××，联系人：刘×，电话：010-××××，传真：010-××××，邮箱地址：××××。

（二）报名后如因特殊情况不参赛或需更换运动员名单者，必须于赛前15天函告主办单位和承办单位，逾期不予变更。

（三）请参赛人员将参赛自选音乐以MP3格式发送至中国健美协会邮箱（××××），并注明姓名、性别、单位及参赛项目。

十、赛事日程

××月××日全天报到，丈量身高，称量体重；××日召开全体会议；××~××日全天比赛；××月××日离会。

十二、录取名次与奖励

（一）健美、健体和比基尼项目全场冠军运动员可不经选拔入选下年度国家健美健身集训队，代表中国参加国际健美健身联合会（IFBB）、亚洲健身和健美联合会（AFBF）的各项国际比赛。

（二）团体录取前8名。团体总分根据运动员在各项比赛中的前10名成绩得分之和统计。前10名按11、9、8、7、6、5、4、3、2、1的办法计分，即第1名者得11分，第2名得9分，依此类推。如团体总分相同，以获得第1名多的队名次列前。再相同，以获得第2名多的队名次列前，依此类推。

（三）各组预赛录取前15名进入半决赛，半决赛录取前10名进入决赛，决赛录取前10名给予奖励。

（四）以下特别奖各评选1名。

男子健美和女子健体分别设"最佳肌肉""最佳表演""最佳编排"奖，元老组设"最佳表演""最佳参与"奖；健身先生、健身小姐比赛设"最佳表演奖"；女子形体健身比赛设"最佳形体奖"；女子比基尼比赛设"最佳风采奖"；男子健体比赛设"最佳风度奖"。

（五）获团体前8名的队伍颁发牌匾或奖杯。

（六）健美、健体和比基尼全场冠军颁发奖牌和奖杯和奖金。获各组、级别比赛前10名和特别奖的运动员颁发证书；获得各单项比赛前3名的运动员颁发奖牌、证书及奖金。比赛奖金总额为50万元，分配标准另定。

（七）各项比赛中取得优胜的选手，可根据中国健美协会的年度参赛计划，代表国家参加下一年度亚洲健美健身锦标赛。

（八）获得各项冠军的运动员，可经培训获得中国健美协会独立培训师称号，开展中国健美协会专业健身教练培训业务。也可优先参加中国健美协会专业健身教练及国际私人教练培训

班，入选中国全明星健身健美队参加全国巡演活动。

（九）本次比赛评选优秀教练员和优秀裁判员，获奖者颁发证书。

1. 优秀教练员从获得各项全场冠军运动员的教练中产生。

2. 优秀裁判员按裁判总数的 30% 评选。

十三、费用

（一）参赛单位的食宿费、交通费自理，每人每天食宿费用 280 元。各队须在大会指定的宾馆食宿。

（二）各单位超编人员食宿费按当地市场标准自理，需要承办单位协助联系食宿的单位，须提前 15 天函告承办单位。

十四、药物违规防范检查和处罚办法

（一）各参赛队要分别与运动员签署防范药物违规责任书，提前做好兴奋剂防范工作，建立防范药物违规机制。

（二）在比赛过程中国家体育总局兴奋剂检测中心将对运动员进行违禁药物抽样检查，违者按国家体育总局《关于印发〈体育运动中兴奋剂管制通则〉的通知》的规定处罚。

十五、其他

（一）中国健美协会及其合作伙伴有权使用运动员的竞赛图片和视频进行旨在促进健身健美运动发展的各项活动。

（二）裁判员由中国健美协会指派，不足人员由承办单位补充。

十六、未尽事宜，另行通知。

十七、本规程的解释权归属中国健美协会。

中国健美协会官方网站：http://www.bba.net.cn/

国家体育总局社会体育指导中心、中国健美协会

××××年××月××日

参考文献

[1] 娄琢玉 . 健美世界 [M.] 上海：世界图书出版公司，2001.

[2] 张先松 . 健身健美运动 [M]. 武汉：华中科技大学出版社，2009.

[3] 体育学院通用教材 健美运动 [M]. 北京：人民体育出版社 .1991.

[4] 赵竹光主编 . 健力美 [J] 第 1 卷 1 期—第 4 卷 5 期 . 上海：商务印书馆 .1941–1947.

[5] 娄琢玉 . 健美之路 [M.] 广州：广东人民出版社，1983.

[6]（美国）文斯·吉龙达，等，余力等译，男女健美精粹 [M]. 北京：人民体育出版社 .1988 .

[7] 杨世勇等 . 功房器械健美入门 [M]. 成都：四川科学技术出版社 .1998.

[8] 张先松 . 现代健美大全 [M.] 武汉：湖北科学技术出版社，1992.

[9 张先松 . 健身健美指南 [M.] 武汉：湖北人民出版社，1993.

[10] 杨世勇主编 . 高等学校教材 体能训练 [M]. 北京：高等教育出版社 .2013.

[11] 杨世勇主编 . 体育院校通用教材 举重运动教程 [M]. 北京：人民体育出版社 .2014.

[12] 张先松 . 健身健美运动 [M]. 北京：高等教育出版社，2005.

[13] 张先松等 . 健身私人教练理论与实践 [M]. 北京：北京体育大学出版社，2004.

[14] 相建华，杨润琴，尹俊玉 . 初级健美训练教程 [M]. 北京：人民体育出版社，2003.

[15] 相建华，王莹 . 中级健美训练教程 [M]. 北京：人民体育出版社，2004.

[16] 相建华，田振华，邓玉 . 高级健美训练教程 [M]. 北京：人民体育出版社，2006.

[17] 古桥 . 健美指导员基础理论教程 [M] 北京：人民体育出版社，1999.

[18] 古桥 . 健身法教程 [M]. 北京：人民体育出版社，2001.

[19] 中华人民共和国体育总局审定 . 健美竞赛规则裁判法 [M]. 北京：北京体育大学出版社，2002.

[20] 中国营养学会 . 中国膳食指南（2007）[M]. 拉萨：西藏人民出版社，2008.

[21] 卢元镇 . 社会体育导论 [M]. 北京高等教育出版社，2004.

[22] 田麦久等 . 运动训练学 [M]. 北京：人民教育出版社，2000.

[23] 裔程洪 . 健美减肥健身 [M]. 北京：北京体育大学出版社，2002.

[24] 刘冬生等 . 科学饮食强身大全 [M]. 北京：新华出版社，1991.

[25] 蔡美琴 . 医学营养学 [M]. 上海：上海科学技术文献出版社，2001.

[26] 王红梅 . 营养与食品卫生学 [M]. 上海：上海交通大学出版社，2000.

[27] 钱光鉴，杨世勇 . 中国举重运动史 [M]. 武汉：武汉出版社 .1996.

[28] 唐思宗，杨世勇 . 身体训练学 [M]. 成都：成都科技大学出版社 .1992.

[29] 杨世勇，钱光鉴 . 举重运动员体能训练理论与实践 [M]. 北京：中央编译出版社 .2012.

[30] 杨世勇主编 . 体育院校通用教材 体能训练 [M]. 北京：人民体育出版社 .2012 .

[31] 程路明主编，健美 [M]. 杭州：浙江大学出版社 .2002.

[32] 顾德明等主编 . 健美训练 [M]. 北京：人民体育出版社 .2004.

[33] 舒培华编著 . 健美图典 [M]. 北京：北京体育大学出版社 .2005.

[34] STRENGTH & HEALTH（力量与健康）[J]1980 年 1 期 .1996 年 3 期，英文版 . 美国约克力量与健康出版公司。

[35] David Webster, The Iron Game—An Illustrated of Weightlifting[M]. London:Great Britain,1976.

[36]Gottfried Schodl,THE LOST PAST [M]. The International Weightlifting Federation,1992.